2023年

# 为师有道

## 上海交通大学"教书育人奖"事迹汇编

上海交通大学党委教师工作部　主编

上海交通大学出版社
SHANGHAI JIAO TONG UNIVERSITY PRESS

## 内容提要

本书由获得上海交通大学2023年"教书育人奖"个人一、二等奖和团队一、二等奖获奖个人及团队先进事迹共27篇文章汇编而成。为全面贯彻党的教育方针,推进落实全国高校思想政治工作会议精神,深入推进"学在交大",增强广大教师"立德树人、教书育人"的荣誉感和责任感,2017年起,上海交通大学启动了首届"教书育人奖"的评选工作,每年一届,2023年为第七届。为充分展示获奖个人及团队的先进事迹,上海交通大学官网主页推出了"交大名师"专栏,对获奖教师的事迹进行展示,本书将其汇编,旨在充分发挥获奖教师或团队引领示范作用,激励广大教师心有大我、至诚报国,教书育人、敢为人先,淡泊名利、甘于奉献,进一步坚持"价值引领、知识探究、能力建设、人格养成"四位一体的人才培养理念,全面加快中国特色世界一流大学建设。本书适合所有高校教育工作者和教育管理者阅读、参考。

## 图书在版编目(CIP)数据

为师有道：2023年上海交通大学"教书育人奖"事迹汇编／上海交通大学党委教师工作部主编. —上海：上海交通大学出版社,2024.6
　　ISBN 978-7-313-30648-7

　　Ⅰ.①为…　Ⅱ.①上…　Ⅲ.①上海交通大学—优秀教师—先进事迹—2023　Ⅳ.①K825.46

中国国家版本馆CIP数据核字(2024)第086912号

**为师有道**
WEISHI YOUDAO
2023年上海交通大学"教书育人奖"事迹汇编
2023NIAN SHANGHAI JIAOTONG DAXUE "JIAOSHU YUREN JIANG" SHIJI HUIBIAN

主　　编：上海交通大学党委教师工作部
出版发行：上海交通大学出版社　　　　　　　　　地　　址：上海市番禺路951号
邮政编码：200030　　　　　　　　　　　　　　电　　话：021-64071208
印　　制：上海万卷印刷股份有限公司　　　　　　经　　销：全国新华书店
开　　本：710 mm×1000 mm　1/16　　　　　　印　　张：9.5
字　　数：145千字
版　　次：2024年6月第1版　　　　　　　　　　印　　次：2024年6月第1次印刷
书　　号：ISBN 978-7-313-30648-7
定　　价：78.00元

# 目　录 Contents

## "教书育人奖"个人奖

### 一等奖

### 二等奖

## "教书育人奖"集体奖

### 一等奖

### 二等奖

# "教书育人奖"个人奖

## 一等奖

# 刘铸永：春风化雨做好教书匠，润物无声当好摆渡人

**【名师名片】**

　　刘铸永，上海交通大学2023年"教书育人奖"一等奖获得者。船舶海洋与建筑工程学院副研究员、博导。曾获得全国徐芝纶优秀力学教师奖、首届全国优秀教材二等奖、全国高校混合式教学设计创新大赛特等奖、全国基础力学青年教师讲课比赛一等奖、上海市育才奖、上海市力学学会优秀青年学者一等奖、唐立新教学名师奖等荣誉。主讲课程"理论力学"入选"国家一流线上本科课程"。

**【名师名言】**

- 教育不仅仅要传授知识，更要激励学生，关注学生的每一次进步。
- 上好一门课，是教师的职责；把一门课上到极致，是我不懈的追求。
- 教书用心，育人用爱。

上好一门课,是教师的职责,把一门课上到极致,是刘铸永的追求。刘铸永2008年博士毕业后留校任教,15年来,他勤耕不辍,在课程建设、课堂教学、教材编著、学生科创等方面都取得了不俗成绩,堪称教学领域的"六边形战士"。近五年来,刘铸永先后获得全国高校混合式教学创新设计大赛特等奖、全国教材建设奖二等奖、全国徐芝纶力学优秀教师奖等8项国家级荣誉,所负责的课程"理论力学"先后获批国家级线下、线上一流课程。

作为力学基础课程国家级教学团队骨干成员、国家级精品课程"理论力学"的主讲教师,刘铸永在调研和总结国内外工科力学理论力学课程设置与教学内容的基础上,充分认识到扎实的理论基础、先进的工程分析和综合能力是当前创新人才必须具备的基本素质,这种素质的培养应该充分贯穿于"理论力学"课程教学的全过程。经过近十年的教学改革和建设实践,刘铸永和团队不断利用现代化的教学手段进行教学改革,特别是进行了混合式教学设计,大幅度提升了学生的学习效果。

## 深耕课堂,持续精进

"理论力学"是一门演绎性很强的重要技术基础课,它不仅是整个力学学科的基础,也是许多工科专业学习后续相关课程和将来从事科学技术工作的必要基础。长期以来,理论力学教学团队承担了全校"理论力学"课程的教学任务。该课程量大面广,学生人数达到1 800人,教学时数达到108 800。

课程建设是提高教学质量的根本保障。从恩师洪嘉振教授手上接过衣钵,刘铸永无时无刻不在思考如何才能让一门精品课程继续焕发新的青春活力。他与团队紧密对接"新工科"建设要求,打破传统课程体系的局限性,率先将过程分析原理与计算机辅助分析方法引入课程教学,建立了"理论力学"课程教学新体系,以期培养学生正确建立力学模型的能力、对力学模型进行瞬时和过程分析的能力、能否正确判断分析结果的能力,涵养解决复杂工程力学问题的素养和科学精神。

为了扩大课程的影响力和受益面,解决实践教学不足、综合能力培养和高阶思维锻炼不足的问题,2019 年,刘铸永带领团队教师建成"理论力学"在线开放课程,在中国大学 MOOC 上线。来自全国各地的学生可以通过中国大学 MOOC 观看视频、研读课件、开展虚拟试验,学习这一极具交大特色的国家级线上一流课程。目前该课程已运行 6 轮,学生在线学习人数近 20 000 人,为疫情期间的停课不停学作出突出贡献。2020 年,"理论力学"获评首批"国家级线下一流本科课程",2023 年获评"国家级线上一流本科课程"。

教师的作用不仅仅是传授学生专业知识,更重要的是塑造学生健全的人格。为了有效地推进和实施"思政教学",刘铸永对课程体系进行改革,在新编的教学大纲中嵌入"课程思政元素"。在教学的过程中,他经常通过自身从事航天研究的案例,通过航天精神点燃学生的民族自豪感,从而实现价值引领,对学生进行潜移默化的课程思政教育,引导更多同学投身于航空航天等国家重点行业。2019 年,刘铸永作为负责人,建成上海市课程思政领航计划精品课程;2022 年建成上海市课程思政示范课程和上海市课程思政示范团队。他主讲的"理论力学"于 2021 年入选新华课程思政优秀案例和第一届全国高等学校力学类专业优秀课程思政案例。

"国立根本,在乎教育,教育根本,实在教科书"。刘铸永与洪嘉振教授一起,顺应时代发展,不断对教材教法进行演进,成功将教学案例以虚拟仿真的形式融入教材之中。其中,《理论力学》(第 4 版)荣获首届"全国优秀教材(高等教育类)"二等奖;2023 年出版的《理论力学》(第 5 版)入选工信部"十四五"规划教材。

## 创新育人,点燃激情

高校教育的目标是将学生培养成德才兼备、对社会有用的人才,而人才培养的关键是看教师教书育人的本领。刘铸永十年如一日扎根教学一线,以提升学生的学习效果为中心,根据课程难易程度的不同,将教学内容分为基础、进阶、提高三个部分组织授课,以抛锚式教学策略,引导学生独立思考,激发学生学习兴致,高效培养学生的创新综合能力。这一成功的课程设计荣获第三届全国高校混合式教学设计创新大赛特等奖。

他主讲的"理论力学"荣誉课程授课对象是致远工科荣誉计划的学生——交大最优秀的学生群体。刘铸永结合近几年工程中的重大问题，以结果产出为导向开展案例式教学，从而满足学生"吃不饱"的问题，培养学生解决复杂力学问题的建模能力和高阶思维。刘铸永的付出得到了肯定。致远学院的周同学评价说："刘老师的课让我感觉到力学不仅仅是一门课，同时也是一片有趣的天地，一个可以坚持一生的兴趣。"

谆谆如父语，殷殷似友亲。刘铸永始终以严谨治学和高度负责的态度悉心指导每一位学生，线上指导至深夜也是家常便饭。有一次他晚上工作到凌晨 2 点多，发现有学生在晚上 11 点多的时候问过问题，马上就做了解答。第二天同学们都惊呼："请注意刘老师的神回复时间！"这样的小故事数不胜数，成为学生心中最温暖的感动。在他的指导下，博士生王博洋 2020 年获全国空间体运动与控制学术会议优秀论文奖；马子琦 2022 年获上海市力学学会优秀学生奖一等奖，2023 年获国际会议 ICDVC，Best Oral Presentation Award；指导的本科生杜劲达 2022 年获全国高等学校力学类优秀本科论文；指导的硕士研究生连续 3 届获国家奖学金。

作为工程力学学生科创工作室的责任教授，刘铸永连续多年组织参赛队伍参加全国和上海市的各类力学竞赛，逐步形成"知识探究—思维训练—动手实践—能力培养"全链条培养范式，实现增长学识见识、培养奋斗精神、增强综合素质的育人目标。从 2015 年第十届到 2021 年第十二届"全国周培源大学生力学竞赛"，交大学子连续 4 届均获得个人赛一等奖，特别是 2019 年获个人赛一等奖 6 人，创造交大历史最好成绩。刘铸永也连续 4 届获得全国优秀指导教师奖。从 2014 年首届"上海市大学生力学竞赛"起，上海交大学子获个人赛特等奖 10 项、一等奖 21 项以及"理论设计与操作"团体赛一等奖和二等奖；特别是 2020 年，获特等奖 7 人，占全市特等奖总人数的 70%，创造交大历史最好成绩。

## 锐意进取，善作善成

不以功利而耕耘，不因平凡而松懈。刘铸永担任工程力学系主管本科教学的副系主任职务,以培养具有扎实力学基础、卓越科学计算分析能力、深厚人文素养、强烈家国情怀和责任担当的领军型人才为己任,兢兢业业、任劳任怨为全系师生服务。

他深知教学的事无小事、学生的事无小事。从日常的教学管理,到准备教育部教学评估,再到策划成立系本科教学指导委员会、推进精品课程建设、招生宣传、申报一流学科点等,刘铸永不敢有丝毫的懈怠,全身心投入工作,保持年终考核优秀。在教育部本科教学评估期间,他和领导、同事晚上经常加班加点,有时凌晨两三点钟才离开办公室。付出须有回报。工程力学系 2020 年"理论力学"和"流体力学"2 门课程获评首批国家级线下一流课程;2023 年"理论力学"和"振动力学"2 门课程获评国家级线上一流课程,并获评 1 门国家一流虚拟仿真课程。工程力学专业 2020 年获批进入教育部强基计划;2021 年获评国家一流本科专业建设点;2022 年获评教育部拔尖计划 2.0,并成功入选工程力学专业全国虚拟教研室建设点,这一切都离不开包括刘铸永在内的系班子的不懈努力。

教书育人是人民教师的崇高使命。强烈的事业心和光荣的使命感是做好教育教学工作的前提,高尚的师德和严谨的治学是完成教书育人使命的根本。铸造师魂教书有功,永润心田育人无声,刘铸永用行动诠释了"立德树人、教书育人"的真谛。

# 赵亦希：教书育人三十载，用心当好引路人

## 【名师名片】

赵亦希，上海交通大学 2023 年"教书育人奖"一等奖获得者。机械与动力工程学院教授、薄板结构制造研究所教工党支部书记。主持上海市重点课程及学校课程思政教学示范培育项目等教改项目，曾获国家级教学成果奖二等奖，上海交通大学教学新秀、十佳班主任、烛光奖、"凯原"十佳教师提名奖等多项荣誉，主持多项国家和省部级科研项目，发表中英文论文 60 余篇，授权发明专利 20 余项，参编《制造强国》系列图书 4 本。

## 【名师名言】

■ 知识，通过学习可以获得；成长，通过磨炼才能实现。

■ 把每一件简单的事情做好就是不简单，把每一件平凡的事情做好就是不平凡。

■ 在教育和教学过程中，我们作为教师，也能学到很多。

机械与动力工程学院教授、薄板结构制造研究所教工党支部书记赵亦希留校任教至今已经三十载,她兢兢业业,默默耕耘,坚持立德树人根本任务,坚守为党育人、为国育才的初心和使命,用实际行动践行"教书育人"的责任与担当,当好学生成长的引路人。

## 深耕教学,做好传道授业解惑

赵亦希说,"作为一名教师,把课上好就是最大的初心。"她秉持这个理念深耕教学多年,主讲"工程材料""制造工艺"等专业基础课。她积极推进"工程材料"课程改革,引入工程需求的活水,将需求作为课程建设的起点和终点,充分发挥专业课程与工程实际融合的能效,教学中通过形象的工程和生活案例,导入新鲜的行业动态,融入前沿的科学探究,培养学生自主学习能力和创新能力。她在课程中有机整合相关知识点,增加新材料设计和应用的内容,围绕"材料—加工—性能"的主线设计教学,使得学生对从选材到加工到性能设计有了比较完整的思路。同时,她还结合自己的科研工作,展示工程应用场景,分享自己的科研经验,使学生真正感受到工程实际应用。在每一期教学中,她都会邀请企业专家进课堂,分享材料在各个行业的最新应用,拓宽学生的视野,从而极大激发学生们的科研兴趣。她主讲的"工程材料"课程获评上海市重点课程,获批上海交大在线课程、课程思政示范课程培育项目建设立项,并于 2018 年在中国大学MOOC 上线,受到学生的广泛好评。

"工程材料"作为学院的平台基础课,每年有近四百名学生选修,对此,赵亦希非常注重教师团队建设,组织团队教师进行教学研讨,对评教结果进行分析,共同设计教学实验环节,并通过试讲、听课等环节,提高教师教学水平。在她的带领下,团队具有极强的凝聚力。青年教师上课之前,其他教师都会毫不保留地分享教学经验,对课程中的难点重点,也会和青年教师们进行交流指导。在这样的团队感召力下,青年教师快速成长,两位青年教师荣获学院教学竞赛一等奖,团队的多位教师被评为最受欢迎教师。

围绕培养"卓越汽车人才"的目标,赵亦希以能力培养和成果产出为导向,对实践环节进行改革和重构,精心设计认知实践环节,让学生近距离观察企业。她积极与企业合作实践项目,倡导以实际研发场景为背景,形成多层次闭环反馈的项目式教学模式,突破了以教学内容为中心的知识内容局限,极大锻炼了学生的工程能力。她将科研合作的企业作为课程教学的实践基地,建设工程实践第二课堂,保障企业对卓越工程师计划培养的深度参与,使学生的工程实践能力得到充分锻炼。在这种模式下,学校和教师拓宽了科研和应用领域,企业也解决了生产和技术发展中的一些问题,实现了学生、学校、教师、企业多方共赢。她还积极参与课程体系改革,结合科技前沿发展和行业需求,设计新的课程内容,获得国家级教学成果奖二等奖、上海交通大学教学成果奖一等奖、优秀教师奖等多项荣誉。

## 科教融合,激发学生科学热情

赵亦希主持和参与了国家自然科学基金、国家973计划、国家重点研发计划、智能制造专项、国家863计划等多项国家级项目,坚持教学与科研"无缝对接、融合发展",将科研成果和研究动态融入课程教学、专业引导中,用自己的学识、阅历、经验点燃学生对科研的向往。她坚持从实践中来,到实践中去,带领学生深入企业现场,在工程实践中发现问题,从工程问题中抽丝剥茧,找到科学问题,同时引导学生潜心钻研,以国家重大需求为牵引,围绕航天火箭、大飞机、船舶制造等领域,立足应用、扎根实际,把论文写在祖国的大地上,为实现高水平科技自立自强贡献力量。

她因势利导、启智润心,制定与学生个性特点相符的研究方向,既"放手"又"扶持",帮助团队学生开阔研究思路,鼓励他们大胆创新、敢于突破,帮助每位学生实现最大教育增值。刚开始做科研,学生们还有点畏手畏脚,她不断鼓励他们,要放开思路,多看多想,触类旁通,即使出错也不要紧;她指导学生从点到面、从浅入深开始研究,鼓励学生在遇到挫折的时候,"不做逃兵",坚持做好学生的坚强后盾。曾经有一位学生在项目初期做实验时,结果与预想的差别很大,心情非常低落,她找到这位学生,一起分析实验的问题所在,找到几种可能性,通过排除和重新组合,很快就找到解决问题的思路。她经常会和学生们"辩论",和他们讨论的时候,她会抓住一个问题问"为什么",通过不断的追问,越辩越明,在不断的火花碰撞中,激发学生学习和科研的新思路、新方法、新点子,带领学生在科研中找到乐趣,进一步激发学生创新求知的热情。

## 立德树人,做学生的良师益友

赵亦希担任研究所教工党支部书记多年,同时也是研究生班主任,和学生们亦师亦友。她不求回报,任劳任怨,润物细无声地滋养着每一位学子。在科研方面,她耐心指导,循循善诱,给予学生极大的科研自由和支持;在生活方面,她与学生拉家常,帮学生调整心态,温和亲切的态度令学生如沐春风。团队有近200名研究生,说到每位学生的情况,她都如数家珍。曾经有一位学生急匆匆来找她,还未开口就已经泪流满面,觉得读研太难了,坚持不下去。赵亦希当即放下手中的工作,聆听学生的倾诉,帮助他分析自己的长处和短处,还有走入社会后的竞争力。就这样通过一次又一次的耐心谈话,学生的心结被慢慢打开,学习和生活又回到正轨。

赵亦希把班级和研究所打造为"磁力场",组织集体参观、启航教育、体育比赛、团建活动等,宣传正能量,营造积极向上氛围,让学生们尽快地融入集体;她是学生的"知心人",学生们遇到困难,总会第一时间找到她,她以温情、耐心和细致的工作方法,及时疏导学生的情绪,有效化解矛盾,让每一位学生都感受到关心关爱。曾经有一位学生临近毕业还没有找到心仪的工作,在他毫无头绪的时候,赵亦希仔细阅读他的简历并提出了修改意见,以长远的目光分析利弊,帮助学生认清了适合自己的择业方向,这位学生也顺利获得了心仪的工作机会。在她的带动下,团队指导学生两次问鼎"挑战杯"全国特等奖,入选全国百支"小平科技创新团队",多名学生获上银优秀机械博士论文奖、"互联网+"大学生创新创业大赛(上海赛区)金奖等奖项。她还积极引导毕业生与祖国同向同行,让青春在祖国和人民最需要的地方绽放绚丽之花,指导的毕业生多人进入国防军工企业、高新技术企业。她也多次获评优秀班主任、校十佳班主任。

# 高岳：做学生的倾听者和陪伴者

## 【名师名片】

  高岳，上海交通大学 2023 年"教书育人奖"一等奖获得者。电子信息与电气工程学院长聘教轨副教授、博士生导师。博士毕业于美国康奈尔大学。获全国高校教师教学创新大赛一等奖、上海交通大学青年教师教学竞赛一等奖等奖项，主讲课程获批上海市、校级一流本科课程，主持省级、校级教学研究项目，担任上海交通大学 AI-MBA 项目学术委员会主任。主要科研方向为足式机器人行为智能，主持国家重点研发计划课题、国家自然科学基金集成项目课题、面上项目等，获世界人工智能大会"卓越人工智能引领者"奖。

## 【名师名言】

  ■ 教育的本质是唤醒。希望我的陪伴能够唤醒学生们的创新潜能。

  ■ 教与学，永远是相互的。倾听交流、师生共进，是我身为老师的荣幸和愿望。

  ■ 大学老师并非是一种工作，而是一种生活方式。

自任教于上海交通大学以来，高岳始终奋战在教书育人工作一线。她经常会思考一个问题："身为老师，如何能够让学生更有动力？学生在学习过程中最期望获得的是什么？"时至今日，高岳培养了一批又一批的学生，而问题也已然有了答案——不仅要做知识的传授者，更要做学生的倾听者和陪伴者。与学生共同成长、合作共进，对于老师来说是最大的幸福和最高的认可。

在长期的人才培养过程中，高岳不断提升自身教书素养与育人之道，从本科生培养、科研育人、工程管理、科普通识和国际教育等多个方面着手，全面打造多层级、复合型的课程群和人才培养体系。

## 坚守课程育人，持续教学创新

高岳始终重视课程育人与教学创新，先后建设并主讲"人工智能理论及应用""人工智能基础""人工智能与商业应用"等多门本科生、研究生课程。近年来，人工智能的知识边界不断扩充、应用场景不断拓展。面对前沿发展快、应用导向强、学科交叉多等多重难题挑战，如何在新一代人工智能快速发展的当下，将经典与前沿、理论与实践进行融会贯通，是高岳始终在思考的问题。

人工智能发展日新月异，学生往往对前沿领域充满憧憬与向往，但扎实的经典理论基础是学生探索人工智能前沿奥秘的基石。为了使学生在建立经典知识框架的同时适应前沿领域的发展，高岳注重梳理领域前沿进展和发展历程，在每个学期初始，结合理论前沿、产业应用、学科融合等因素更新知识体系、适应领域进展。在教学过程中，她创新构建了经典与前沿融合的知识体系，建立经典理论与前沿领域的对应关系，由浅入深、循序渐进，以经典理论为基础和线索，逐渐引入前沿领域，以易于接受的方式加深学生对知识的理解。

强应用导向是人工智能领域的显著特点，为拓宽实践途径，引导学生关注产业应用、深入实际系统，高岳带领课程团队多渠道创建了虚拟与现实对应的系统实践平台，并建立课程实践与社会需求、产业需求的联系，吸纳行业资源，自主设计与理论知识匹配的实践内容，实现"看得见、摸得着、可交互"的贴合真实应用场景的实践体验，充分满足学生的实践创新需求。

同时,高岳高度重视学生高阶思维和能力的培养,贯彻以学生为中心的合作式、陪伴式教学理念,创建了"导新—学知—行践—拓思"四步教学方法,通过营造符合学生认知规律的心流体验,带领学生进入全身心投入的心流状态,让学生在专注、自然的沉浸状态下发挥最大潜能;引领学生自主探究、创新创造,构建培养高阶思维能力的学习过程与环境,打造师生互为激励、共添成果、合作共进的学习共同体。

为充分发挥专业课程的思政育人效果,提升学生的接受程度,高岳在课程思政建设的探索中融入人工智能伦理和教育伦理,从家国情怀、科学精神、工程伦理三个方面挖掘人工智能思政育人元素,构建"真需求、真方案、真实践"的思政教学案例库,引领学生在实践中关心社会需求、关注国家需要,将被动接受的思政教学转变为主动体会的思政实践。

高岳持续的教学创新取得了显著成效,受到了广泛认可。2022 年,她代表学校参加高校教师教学创新大赛,先后获得上海市特等奖和全国一等奖,展现了新技术领域新工科课程的创新范式。主讲课程获批上海市、校级一流本科课程,主持省级、校级教学研究项目多项,获校级青年教师教学竞赛一等奖。结合创新成果发表多篇教学研究论文,并出版教材《人工智能基础》。

## 前沿原创探索,引领科技报国

高岳在育人过程中始终引领学生探索科技前沿、对接国家需求,引导学生主动将科学研究与实际问题和国家需求相结合,围绕"理论技术与实际应用的结合点"和"国家需求与创新成果的结合点"两个核心问题,指导学生开展原创理论和重大应用探索。

团队以探索领域前沿技术和原创理论为目标,指导学生开展足式机器人智能化相关研究,推进了机器人设计智能、运动智能和自主智能的基础理论与共性技术的发展,提升了机器人在复杂特种场景下的安全运动和环境适应能力。以响应国家重大需求和战略布局为目标,高岳带领学生研发多款自主知识产权的足式机器人,多次参与国家重大事件和重大需求应用。为满足 2022 年北京冬奥会"科技冬奥"应用示范需求,她带领学生研发滑雪六足机器人和冰壶六足机器人,在北京冬奥会期间以多种方式开展示范应用,收到奥组委的感谢信和科技部的应用证明,现已收藏于中国共产党历史展览馆。团队成果在中国国际进口博览会、"奋进新时代"主题成就展、世界人工智能大会等国家重要会议和场合进行公开展示,并开展技术成果推广交流,获得多项国际奖项。

## 创新管理教育,培养复合型人才

高岳积极参与专业学位人才培养,依托人工智能研究院平台和安泰经济与管理学院开展深度合作,共同创办上海交通大学 AI-MBA 项目,担任 AI-MBA 项目学术委员会主任。构建人工智能行业工程管理专业学位的培养体系,秉承"高水平管理人才不能不懂技术应用和实践"的育人理念,在培养体系中强化技术创新和实践应用能力的提升,组织学生赴人工智能行业重点企业和研究机构走访调研,与行业内部技术和管理人才开展交流,培养兼具实践创新、工程应用和管理素质的高层次、复合型管理人才。

在担任 AI-MBA 项目和电院 MEM 项目的授课教师和专业导师期间,高岳主讲"人工智能与商业应用""智能机器人"等多门课程,并总结出适用于管理人才培养的团队型实践教学案例。

## 传播科学思想,宣扬中国智慧

在做好大学教师本职工作的同时,高岳还积极投身于科普和通识类教育。她担任学校"学森挑战计划"教授团成员,为全国优秀高中学子讲授人工智能课程;参与暑期中学生人工智能科普教育和实践交流活动,为上海中学、上海交通大学附属中学、上海市西南位育中学等多所学校开设课程和实践讲座,同时为全国民办高中校长开展人工智能培训,创新中学培养模式;担任学校国际暑期学校"机器智能与机器人"的主讲老师和课程实践负责人,展示自主成果与中国智慧,提升国际影响力。

同时,高岳积极主动地参加教书育人相关的社会推广和国际交流活动。她受邀在 2020 年世界人工智能大会 AI 人才培养大师讲坛发表主题报告,先后通过专题报告、交流座谈等多种方式向同类院校和教师分享课程创新和人才培养经验。担任中国信息通信研究院和亚太电信组织国际培训讲师,为"一带一路"沿线国家的电信技术官员和高级管理人员开展技术培训,交流经验,传播知识与文化,推广中国智慧和中国方案,为此收到工信部感谢信。

教育的本质是什么?这是一个很宽泛的问题,不同的教育理念,会带来不同的回答。在高岳眼里,教育的本质是唤醒。她期待通过自己的倾听和陪伴,唤醒学生的潜能,诠释教书育人的初心和使命。

# 杭弢：萌芽、扎根、传承、绽芳

**【名师名片】**

    杭弢，上海交通大学 2023 年"教书育人奖"一等奖获得者。材料科学与工程学院教授，院长助理，上海高校东方学者特聘教授。获首届全国高校教师教学创新大赛一等奖，国家级教学成果奖一等奖，宝钢优秀教师奖，上海交通大学"佳和"优秀教学奖、卓越教学奖、"凯原"十佳教师等荣誉。

**【名师名言】**

- ■ 要想当一个好老师，首先要学会当一个好学生。
- ■ 教学和科研一样，只有不断创新才能永葆活力。
- ■ 教无定法，没有教学理念就是最好的教学理念。

挥汗于三尺讲台,是良师也是益友;跋涉于漫漫科研路,是严师也是向导。材料科学与工程学院教授、院长助理杭弢,坚持根据学生特长因材施教,切实关心每位学生的生活问题和身心健康,持续助力学生长线发展,希望每一位学生做到眼中有光、胸中有志、腹中有才、心中有爱。

## 萌芽:十年"思源"求学路,一颗良心育英才

"我出生在一个教师世家,我的外公、我的父母都是人民教师。我很庆幸、也很荣幸,成为教师队伍中的一员⋯⋯"回忆起儿时,杭弢说:"我的母亲也在大学工作,教高等数学。我小的时候,由于她工作太忙,就会带着我去上课,把我放在教室后排,我记得我总听到 xyz⋯⋯"也许就是那个时候,一颗从教的种子就在杭弢心中萌芽。

后来,来到上海交通大学,杭弢开启了十年的"饮水思源"求学路,让他更加坚定了曾经种在心中那颗小小的种子。交大的老师们不仅教给杭弢知识,更告诉他为人师者应具备的品格。"卢文发老师的 PPT 永远是满满当当的,他'一生从未参评过、获得过任何的教学奖励',然而他的课学生评价极高。卢老师的与世无争让我明白了教学不仅仅是一份职业,更是一份良心活儿。"后来,杭弢自己也成为一名上海交大的老师,秉持交大精神,他始终将学生视为自己的孩子般关心与爱护,从不计较花费在学生身上的时间与精力,他说:"如果自己没有良心,又怎么会教得好学生呢? 我们当老师一定要对得起学生,更要对得起自己的良心。老师的口碑都在学生的心中⋯⋯"

2013 年初,刚刚归国留校任教的杭弢,在学院主管国际化教学的领导动员和鼓励下,主动承担起"固体物理"全英文课程的教学任务。他深知,台上一分钟,台下十年功。接下来的一整年,他全身心投入备课,2014 年暑假他的妻子临产时,他在产房外守候了三天三夜没有合眼,手中还一直拿着"固体物理"课程的讲义,心中既有对妻女的牵挂,也有对自己即将孕育"产出"作品的忐忑,希望自己的授课首秀在同学们面前有一个完美的呈现。终于,功夫不负有心人,下课时同学们掌声雷动,给予了他最大的鼓励和认可。那一刻,他无比欣慰,感受到初为人师的深深自豪。

# 扎根：十年"育人"奋斗情，躬耕教坛育栋梁

十余年来，杭弢扎根教书育人工作一线，潜心教学，探索基础课程教学创新，他先后承担了 10 门课程教学任务，主讲"材料物理""学术英语""学术写作规范与伦理""材料失效分析"等四门本科生专业核心课和研究生公共基础及专业课程，近五年来总授课七百多学时，年均授课量在材料科学与工程学院名列第一，他将时间都给了学生，把全部精力和满腔真情都奉献给了教育事业。

杭弢主讲的"材料物理"课程，有着数学公式复杂、专业术语繁多、物理概念抽象等特点，历来是一门"学生畏学、老师难教"的"硬课"。为了讲好这门课，他专门做了一些课程改革，一是将抽象的概念做形象的转化；二是结合材料应用实际讲物理理论，给物理知识披上了"材料"的外衣；三是不断结合学科前沿热点，做到真正让学生知道学习这门课程有什么用。从长期的教学实践中，杭弢深刻地理解到形象案例对于抽象教学的重要性。在这门课程中，他融入了数百个形象的教学案例，丰富和拓展知识的同时又有助于学生的理解。课程的教学创新成果不仅达成了价值引领、知识传授、能力培养、人格养成的教学目标，更为广大理工科专业基础课程培养创新型人才提供了改革思路。

杭弢的课堂真正做到了传道授业解惑相统一，形成了自己鲜明的授课特点，受到了学生的好评。近五年来，杭弢有 8 次评教获评 A 档，5 次排名全学院前三，教学质量优秀。学生评价说，"杭弢老师是一位很优秀的老师，对课程内容熟悉，讲解条理清晰，夹杂现在的研究热点、有趣的物理现象和物理故事，也为我们拓展了许多有趣实用的知识，课堂氛围轻松，体验很棒！"杭弢坦言，学生的好评和成长是他最大的欣慰。

在杭弢的不懈努力下，2021 年，他获得了首届全国高校教师教学创新大赛一等奖；同年，讲授课程获上海高校党史学习教育与课程相融合示范课程；2023 年，他的课程被评为首批"上海高校示范性本科课堂"，同年，获国家级教学成果奖一等奖。

## 传承：在平凡中坚守，在坚守中不凡

"勇于创新、追求卓越"是杭弢对研究生的更高要求。学生的成就，离不开导师的谆谆教诲。杭弢认为："为人师者，当尽心尽力让学生进步，做好学生知识的传授者，发掘每一个学生的闪光点，成为照亮学生的灯塔。"吴蕴雯是他指导的第一个硕士研究生，她基础扎实、思维活跃，杭弢为她选择了化学镀银表面拉曼增强的纳米尺寸效应研究这一前沿而又极具理论挑战的课题。经过两年多的攻坚克难，吴蕴雯在硕士期间以第一作者发表 6 篇 SCI 论文，影响因子总和大于 40，获得了国家奖学金、国家重点实验室奖学金。在杭弢的鼓励与指导下，吴蕴雯率领学生团队获得首届"华为杯"中国大学生新材料创新设计大赛特等奖。吴蕴雯毕业后，赴日本早稻田大学攻读博士，2019 年回国，如今已经成为上海交通大学长聘教轨副教授，谈起吴蕴雯，杭弢的脸上露出欣慰的笑容⋯⋯

杭弢坚持"为国育才、服务行业"，他培养的研究生毕业后 100% 在微电子材料领域从事研发工作，至今无一个人转行。芯片制造是我国当前面临的"卡脖子"问题，芯片大马士革镀铜添加剂一直被美国垄断，国产化进程缓慢，其原因在于添加剂吸附作用机理至今不明。针对这一难题，杭弢带领研究生参与国家自然科学基金重大项目、国家科技重大专项等多个国家重点项目，通过与微电子行业共同开展技术攻关，经过上千次的实验、几百次的讨论，让学生认识到"核心技术是买不来的"，只有怀着"潜心研究、甘于寂寞"的科学精神才能战胜困难。

## 绽芳：传承交大基因，厚植文化自信

作为材料学院承上启下的年轻一代，杭弢传承交大基因，把以文塑心、以文育行、以文绘象、以文造境作为倾力熔铸一流材料学科的重要举措。作为材料学院院徽的设计者，他积极打造交大材料品牌文化，增强学院师生文化自信，为落实立德树人根本任务、培养高素质材料人才提供思想文化支撑。

留校后近十年的时间里,杭弢在教学科研工作的压力下,将大量时间投入到繁杂的招生工作中,共计走访过 20 多所中学,时常接听招生热线到凌晨却毫无怨言,他耐心细致地解答考生与家长的每一个问题,他说:"我希望通过我的介绍,能把交大材料的种子播到青年学子的心中,让更多的青年学生加入交大这个大家庭中,激发他们学习材料专业的兴趣,激励他们解决我国材料领域的重大问题。"

居里夫人说过,要成功首先要具有自信力,其次是恒心。如今,面对国际复杂的局面,国家的发展首先是需要自信力。杭弢作为一名传道者,深知其中的重要性。一个国家的教育,不能吹糠见米,要考虑国家需要,也要考虑长期发展,大学不是短训班,长期培养学生自信力的民族才能自立于世界民族之林。"交大的许多老教师们,他们给了我极大的自信,如今我希望我能将这份自信传递给我的学生们。""我有自信说我们在交大学习到的知识、我们的科研能力一点都不输给世界一流大学!钱学森到麻省理工学院求学时,发现许多课程与在交大学习的完全一样。我告诉同学们,有一天你们从交大走出去了,无论到 MIT 还是 STANFORD,你们都要有这一份自信,你们的水平不输给任何一所世界级顶级名校!"

经师易得,人师难求。多年来,杭弢以人师的更高标准要求自己不断进步。求学十载、工作十载,看似漫长却也转瞬即逝,他珍惜这一路风景,用初心引领教育,全力以赴下一个十年……

# 童雪梅：怀赤子之心，为祖国培养卓越医学创新人才

## 【名师名片】

童雪梅，上海交通大学 2023 年"教书育人奖"一等奖获得者。教授，博士生导师，基础医学院生物化学与分子细胞生物学系副主任，党支部副书记，细胞代谢研究组长（PI）。获得教育部"新世纪优秀人才支持计划"、国家自然科学基金优秀青年科学基金及国家自然科学基金重点项目资助，并荣获上海高校特聘教授（东方学者）和跟踪计划、上海市青年科技启明星、上海市育才奖、上海交通大学医学院"优秀共产党员·师德标兵""三八红旗手""第二届十佳班导师""青年十杰"等奖励或称号。

## 【名师名言】

■ 对我而言，能有机会教书育人是一种幸福；在我心里，每位学生都像花朵一样美丽。

■ 严以律己，宽以待人。

■ 兴趣是最好的老师，我们要激发学生的主动性和内驱力。

童雪梅 2006 年在美国约翰·霍普金斯大学医学院获得生物化学博士学位，2006—2010 年于宾夕法尼亚大学完成博士后研究，2010 年回国工作，在基础医学院生物化学与分子细胞生物学系（以下简称生化细胞系）担任细胞代谢研究组长和博士生导师。童雪梅坚信教育是社会的基石，她将赤子之心转化为推动医学教育事业发展与卓越医学创新人才培养的实际行动，取得了丰硕的成果。

## 不忘科研报国初心，践行立德树人使命

童雪梅热爱三尺讲台、深耕教学一线，于 2016 年获得上药杏林育才奖，2017 年获得基础医学院教师教学能力比赛二等奖，2021 年获得上海市育才奖。她主讲本科生整合课程"代谢生物化学"、英文课程"Biochemistry II"及研究生"分子生物学和进展"课程，负责研究生课程"医学分子生物学""生物化学与分子细胞生物学进展"和致远直博生课程"高级医学分子生物学"的课程建设和教学改革，近三年共授课 225 课时，受到学生、同行和督导的广泛好评。童雪梅将以爱国主义为底色的科学家精神融入"报效祖国、服务人民"的实践中，形成了"将科研进展融入课程实践从而激发学生兴趣"的教学特色，在教学中守正创新，力求给学生更多的启迪。她的课堂形式十分丰富，鼓励学生积极提问，组织团队讨论，课堂气氛非常活跃。这种互动式的学习方式既提升了学生的口头表达和批判性思维能力，加深了学生对课程内容的理解，更促进了不同学科同学之间的交流和合作。

童雪梅始终牢记陶行知先生"教育是立国之本"的箴言。陶行知先生说："要想学生好学，必须先生好学。惟有学而不厌的先生才能教出学而不厌的学生"。童雪梅认为，一个教师要想成为一个好教师，首先自己必须具备卓越的学术能力和过硬的专业素质。她认真负责地对待教学工作，精益求精，以最高的专业标准和责任心来准备每一堂课，确保能够给予学生最好的教学质量。她精心准备的教学内容总能让学生在掌握基本知识的同时拓宽视野，启发科研思维。

童雪梅在教学工作中秉持"敢为天下先"的创新精神，通过充分调动学生的主观能动性，开展创造性的教学工作，探索育人范式、实践教学改革。担任系分

管教学的副主任后,她积极推动教育教学改革、整合式课程创新、卓越医学创新人才培养体系建设,研究成果获得上海交通大学2020年度教学成果奖特等奖。她带领团队在生化细胞系形成本科生科研培养特色,在2019年教育部教学审核评估中获得专家好评。童雪梅高度重视教材建设,担任《肿瘤代谢学》副主编(科学出版社,2023),参编《医学细胞生物学》(上海科学技术出版社,2013)。她倡导"科研和教学是相互助益的",经常将前沿的科研进展及时应用到最新的教材中,以适应时代发展的需要。

## 坚守学术科研规范,拓宽视野博采众长

童雪梅特别强调严谨求实的科研精神和创新精神。她以身作则,教导学生们科学研究要严格遵守学术道德和学术规范,在探索中追寻科学真理。她在科研中态度严谨、敢于创新,认真细致地对待科研工作的每一个难题。无论是设计实验方案、进行实验操作,还是分析实验数据,她总是一丝不苟地剖析存在的问题,言传身教引导和培养研究生"学以求真,笃行明道"的科学精神。她在2011年获得教育部"新世纪优秀人才支持计划",2012年获得国家自然科学基金优秀青年科学基金资助,2023年获得国家自然科学基金重点项目资助,代表性研究成果发表于 *Nature Metabolism* 等国际著名期刊并获得国际同行高度评价。

童雪梅经常向学生们讲述国内外科学家以及各界名人的事迹,鼓励学生阅读名人传记,引导学生从他们身上汲取各种优秀的精神品质并将其应用于自身的生活与科研工作。她也鼓励研究生经常阅读国际前沿文献,积极参加国内外专家学者的学术报告,学习最新的学术成果和观点;参加学术会议并作口头报告或会议墙报,交流研究成果;参加科创比赛,拓宽学术视野。她指导的研究生在学术竞赛上获奖颇丰,已获第八届华夏上海肝病论坛一等奖、中美肿瘤代谢高峰论坛优秀论文二等奖、全国肿瘤代谢年会青年组论文演讲比赛二等奖和三等奖、上海交通大学基础医学院第十一届"新羽杯"优秀报告一等奖等。

# 激发学生科研兴趣，教书育人成果显著

　　童雪梅不忘科教报国初心，始终践行立德树人的神圣使命。她作为生化细胞系支部副书记，积极发挥党建引领作用。她巧用研究生 Happy hour 品牌活动和党建小屋、组会等方式，坚持每周和学生面对面、话成长，全方位多维度关注关心关爱学生，在缓解科研压力的同时，悉心引导、精心指导、用心教导，成为学生们的良师益友。生化细胞系党支部在 2019 年被评为上海市党建样板支部（教卫党委）、2020 年被评为全国党建工作样板支部、2021 年被评为中共市委组织部"党支部建设示范点"等。

　　童雪梅扎根基础研究，致力于培养未来一流科学家。她总能将教科书中各章节的相关知识点串到一起，博观而约取，由点及面推出重要的科学问题，为学生的课题研究打开一扇扇新的窗户。童雪梅共指导过 3 位博士后和 9 位博士生，他们共计获得 8 项国家自然科学基金面上和青年项目资助以及上海市优秀毕业生 2 项（2020 年、2022 年）、上海交通大学优秀博士学位论文 1 篇（2022年）。童雪梅所指导的博士后和博士生均继续投身科研事业，就职于一流高校或科研院所。

　　童雪梅连续 10 年担任 3 个临床五年制班级的班导师，多次组织国内外著名科学家与本科生面对面座谈的特色班导师活动，于 2015 年获得上海交通大学医学院第二届十佳班导师称号。科研实践是本科生培养环节中的重要一环，童雪梅积极回应本科生们所提出的问题，鼓励他们基于已学理论知识自主探索未知的科学世界，并耐心引导本科生推进科研计划，让他们切身体会到科研探索未知的魅力所在。她先后指导 10 项本科生科创项目，其中 3 项入选国家级项目、2 项入选上海市级项目、1 项获 2020 年第六届全国大学生基础医学创新研究暨实验设计论坛创新研究一等奖、1 项获 2023 年第八届全国大学生基础医学创新研究暨实验设计论坛总决赛优秀成果奖、1 项入选 2023 年上海交通大学致远未来学者项目。

　　童雪梅十分注重培养学生们的合作精神。在科研工作中，和谐的团队关系是推动整个团队前进的动力,因此她经常向学生们强调团队精神,并组织学生一同讨论科研问题以促进团队凝聚力。童雪梅以朋友般的关爱和教导,循循善诱,诲人不倦,引领学生们在学术和人生道路上不断前行。她经常和学生一同午餐,与他们交流生活和科研上的近况,主动了解学生的生活和精神状态,力所能及地帮助学生解决生活与科研上的困难。童雪梅及时做好学生的心理健康指导,她以自己初到美国留学时面临重重困难的亲身经历,鼓励学生们勇敢面对困难,以积极乐观的态度迎接挑战。在学生们临近毕业之际,童雪梅悉心帮助学生修改投稿文章,也会根据学生的特点和兴趣,帮助他们分析适合的就业去向,为学生推荐合适的工作机会,助力他们在未来的职业生涯中展翅高飞。

## 致力医学科普,推动科研走向大众

童雪梅长期坚持潜心问道与关注社会相统一的理念,大力推广科普以促进形成崇尚科学的社会风尚。她积极组织青少年科普活动,以"让科研走向大众"为己任,用深入浅出的方式向初高中生介绍科学知识与科研理念,从而激发他们对科学的兴趣和好奇心。童雪梅在上海市黄浦区中学开展"如何用小鼠模型研究肿瘤和代谢性疾病"等科普讲座,多次为上海市中学生物教师介绍细胞代谢领域最新进展,指导中学生科创小组实践,并组织开展"实验室开放日"等,为学生们提供近距离接触科学实验、感受科研魅力的机会,使得青少年们在课堂之外学习到新的知识,并锻炼培养科研实践能力和科学创新精神。童雪梅积极参加民众科普,她所撰写的《糖友如何拒绝"肿瘤君"》等科普文章,以生动形象的语言和贴近生活的例子,向公众介绍了如何通过科学饮食和锻炼来预防和治疗一些常见的代谢性疾病,吸引了广大读者的关注,并被广泛转发和推广。她的科普文章不仅普及了科学知识,更在引导公众正确理解科学、提高科学素养方面起到了积极的推动作用。

# 胡加祥：教书是本职，育人是天职

## 【名师名片】

胡加祥，上海交通大学 2023 年"教书育人奖"一等奖获得者。凯原法学院国际法学教研部主任、长聘教授，国家哲学社会科学重大项目首席专家，兼任中国国际法学会常务理事、上海市 WTO 法研究会会长，获上海市育才奖、宝钢优秀教师奖、上海交通大学优秀党务工作者、优秀班主任、"三育人"先进个人等荣誉。主讲的课程"国际经济法"于 2020 年被教育部认定为首批"国家级一流本科课程"。

## 【名师名言】

■ 时刻牢记"忠诚党的教育事业"，始终将"教书"与"育人"贯穿在一起。

■ 教书者必先学为人师，育人者必先行为示范。教书是本职，育人是天职，教书育人是每一位教师终其一生的追求。

■ 在研究中教学，在教学中研究。

自 1986 年加入中国共产党以来,凯原法学院国际法学教研部主任、长聘教授胡加祥始终保持入党初心,从事高等教育 37 载,他时刻牢记"忠诚党的教育事业"这一信念,坚持耕耘在教学、科研第一线。三尺讲台见证了他青春的荏苒岁月,而今,他桃李满天下,收获了学生们的深深敬爱。

## 铸魂育人,塑造学生优秀品格

胡加祥秉持"爱是教育的基础,没有爱就没有教育"这一理念,在传道授业解惑的同时,通过自己的一言一行、一举一动对学生的学术思维和职业理念产生深远影响。无论是作为专业课主讲教师,还是研究生指导老师,胡加祥始终将"教书"与"育人"贯穿在一起。37 年里,他把不断提升自己的业务能力作为前进的动力,力求用精湛的专业知识去影响学生、用高尚的人格魅力去引导学生。"专业能力强,教学认真负责,课程挑战大,但收获也很多""严谨的教学风格和敬业精神不仅体现在课堂上的精彩讲解,更延伸至课后的答疑解惑,让我深感学习国际法是如此有趣""胡老师以案例的方式、法制的角度让我更深刻地了解了经济全球化的知识,增强了民族自信心与认同感"……这些评价无一不体现胡加祥深厚的教学功底和广博的知识储备。

他教过的学生数以千计,指导的学生人才辈出,在各行各业崭露头角,有凯原法学院培养的第一位 211 重点高校法学院院长,有当选为"上海市优秀中青年法学家"的骨干教师,有凯原法学院第一位供职国际组织的校友,有第一位踏进外交部的凯原学子,有走上世界青年领袖大会讲台、述说"中国故事"的青年才俊,也有前往哈佛大学、牛津大学潜心学术研究的青年学者。

作为共产党员,胡加祥坚持将思想政治教育责任担在肩上,引导学生在择业时将个人追求与国家利益结合起来,用所学的法律知识报效国家和社会。徐淼是胡加祥众多学生之一,她本科毕业时以优异成绩保送凯原法学院法科特班,曾获国家留学基金委全额奖学金资助,赴纽约大学法学院攻读硕士学位。研究生毕业后,她放弃考取公职或高薪行业,选择做一名公益律师,专门为农民工、快递小哥讨薪。她接触的是中国社会最底层的劳动人民,托起的是中国法治的基石。

在过去的这些年里,徐淼和她的伙伴们帮助了 17 201 名农民工,帮助他们挽回了超过 3 亿元人民币的损失,用汗水甚至是血水换来了六百多面锦旗,更换来了普通老百姓对法治的信心。他们用自己的行动实现了入学时"今日我以交大为荣、明日交大以我为荣"的誓言。他们是母校的骄傲,也是国家法治建设的栋梁。

## 思想领航,打造法学精品课程

胡加祥长期坚持在教学第一线,主讲的课程包括全校通识核心课"经济全球化与中国崛起"、精品课程本科生专业课"国际经济法"、研究生专业课"WTO法""WTO 与国际组织法""中国对外贸易法""国际商法与合规"等。在课堂上,他结合自己的亲身经历给学生讲党史、新中国史和改革开放史,帮助学生树立正确的世界观、价值观和人生观,循循善诱培养学生的爱国主义情怀。入职交大20 年来,他的课时量始终饱满,近五年年均 100 课时以上的教学任务中,本科生课程的课时数超过一半,教学效果均达到优良。

在课程建设、教材建设方面,胡加祥亦取得突出成绩。他的"国际经济法"课程于 2011 年获得上海市教委本科重点课程立项,2017 年获校级专业课程思政改革建设立项,2018 年获上海高校优质在线课程建设立项,2020 年获评国家级精品在线开放课程(即线上金课),入选首批国家级线上一流课程,为学院教学理念和教学方法不断升级,人才培养质量持续提升,法学教育水平步入新高度作出贡献。此外,"经济全球化与中国的崛起"于 2017 年获评上海市教委本科重点课程、2018 年获评校级通识核心优秀课程;"中国对外贸易法"2013 年先后获评教育部和上海市教委"来华留学英语授课品牌课程"。其主编的《国际经济法案例百选》(2020 年版)为马工程配套教材,获得高等教育出版社文轩基金立项支持。

## 倾心教学,积极提升育人成效

"在教学中研究、在研究中教学"。胡加祥始终认为,如何用高尚的品格影响学生、如何将渊博的知识传授给学生,是每一名教师面对的最大课题。他在思考上述问题的同时,也及时将自己的心得与大家分享。他发表十多篇教学论文,分别对世界一流法学院比较、研究生教育以及法律职业考试等方面进行探索,包括《为"司法考试"正名》(《上海交通大学学报》2007 年第 1 期)、《英国律师制度沿革与法学高等教育简介》(《山东政法学院学报》2007 年第 7 期)、《世界一流大学法学院比较与启示》(《河北法学》2007 年第 8 期)、《法学硕士研究化,法律硕士专门化》(《学位与研究生教育》2008 年第 3 期)、《哈佛法学院社会募捐制度研究》(《上海交通大学学报》2009 年第 4 期)、《当代中国法学教学范式研究》(《上海交通大学学报》2010 年第 6 期)。他撰写的专著《多元视角的当代中国法学研究》(法律出版社 2012 年版)荣获"第十二届上海市哲学社会科学成果二等奖";他担任主编的英文论著 *From Imitation to Innovation: Legal Education in Asia* 由世界著名的 Brill 出版社出版,成为第一部比较全面探讨亚洲法学教育历史与现状的论著。

此外,胡加祥还主持多项教改项目,包括"非英语国家全英语教学研究"(2013 年上海交通大学教学发展中心 A 类立项)、"上海交通大学与国际组织合作关系研究"(2013 年上海交通大学凯原法学院海外实践教学基地建设项目)、"全英文示范课程立项标准研究"(2018 年上海市本科重点教学改革推荐项目)、"涉外法治人才培养体系研究"(2021 年上海市教委重点研究课题)。

"海华永泰—国际经济法午餐沙龙"是胡加祥在海华永泰律师事务所的支持下,于 2012 年移植到凯原法学院的教学模式。至 2019 年底,已连续举办八年,累计 70 余场,邀请嘉宾近百人,参与学生近 2 000 人次,在学生中广受好评,是凯原法学院富有特色的课外教学品牌之一。沙龙邀请各行各业的嘉宾,包括海内外公司法务主管、资深律师、法官和检察官等,请他们从自身职业的角度谈谈对法学专业和法律职业的体会,为法科学生打开一扇了解社会的窗户,致力解决法科学生职业规划从课堂到社会的"最后一公里"问题。

## 党员担当,发挥先锋模范作用

胡加祥连任两届学院党委委员、学位委员会委员、教学委员会委员,始终关心学院的学科建设与人才培养工作。他结合自己专业所思,于2022年初提出学院应进一步推进涉外法治人才培养工作,为国家培养更多具有"法学+"教育背景并具有外语、国际仲裁、国际经济、国际贸易、国际政治等多方面能力的综合型人才,肩负起为党育人、为国育才的使命重任。2022年春抗疫特殊时期,胡加祥坚守在徐汇校区70余天。除了完成线上教学任务、及时了解学生思想动态和生活困难,他还积极担任校园疫情防控志愿者,配合学校、学院做好校园管理工作,更克服多方面的困难,积极牵头提出涉外法治人才培养相关方案,助力学院完善培养框架,助力学校成功获批上海市首批高校涉外法治人才教育培养基地。

胡加祥在教学与科研中,紧密结合国际热点,积极服务国家战略。他发表中英文论文110余篇,其中以第一作者在国际顶级 SSCI 期刊(*Journal of International Economic Law*, *Journal of World Trade*)发表论文2篇,CSSCI 核心期刊发表论文45篇,论文被引次数达981次。出版论著和教材15部,主持各类课题19项,包括国家哲学社会科学重大项目1项(我国转基因食品规制法律体系构建研究)、重点项目1项(世界各国对转基因食品的政策和法律规制比较研究)、中国法学会课题2项、上海市教委重点课题1项以及国际合作项目"中国—澳大利亚自由贸易区研究""粤港澳大湾区合作研究",多份决策咨询意见被国家有关部门采纳。

# 姜虹：春风化雨沐杏林，医者仁心绘岐黄

## 【名师名片】

　　姜虹，上海交通大学2023年"教书育人奖"一等奖获得者。上海交通大学医学院附属第九人民医院麻醉科主任、博士研究生导师；上海市科技精英、上海市领军人才、上海市优秀学科带头人。兼任中华口腔医学会口腔麻醉学分会候任主任委员、中华医学会麻醉学分会常务委员、上海市医学会麻醉科专科分会候任主任委员、中国整形美容协会麻醉与镇静镇痛分会会长。曾获宝钢优秀教师奖、上海市优秀住院医师带教老师、上海交通大学优秀教师奖和上海交通大学教学成果奖一等奖。

## 【名师名言】

　　■ 医学是关乎人民群众健康和生命的事业，因而我们培养的医学生不仅应有扎实的知识基础和过硬的专业技能，更要具有开拓创新的能力、严谨科学的精神以及人文情怀和仁爱胸怀。

　　■ 教师和医生，一个塑造灵魂，一个挽救生命，都是无悔的选择，都是神圣的事业。作为一位人民教师和一名白衣天使，我始终如临深渊，如履薄冰，时刻心怀敬畏之心。

　　■ 科学研究靠的是积累，是日复一日的坚持。为祖国医学事业发展的征程上留下一粒微小的铺路石子，我们任重道远、矢志不渝。

她是一位从医从教已经超过 30 年的主任医师、教授，是上海地区颇具影响力的中青年麻醉学专家。

她牢记师者初心，将临床一线作为教书育人的"活讲台"，以实际行动谱写"最美教科书"，建立富有特色的麻醉学教学体系，获得教学成果奖，并培养出一支麻醉学科的优秀中青年骨干人才梯队。

她不忘强国使命。由她领衔的课题组项目"头颈颌面部手术麻醉策略与围术期脏器保护的研究和应用"获得了 2016 年度上海市科技进步奖一等奖。成果背后是她二十年如一日的科研探索与创新坚守。

她更时时将为患者减轻病痛放在心间，慕名而来的病人也因此不计其数。多年来，她和团队将麻醉领域覆盖至手术室内麻醉、门诊麻醉、麻醉后恢复、疼痛门诊、术后镇痛、重症监护治疗、院内急救和复苏等医疗一线，每年带领团队完成各类手术麻醉 10 万余例。

她深深热爱着这个职业、这份事业，不断以敢为人先的改革勇气、大医精诚的仁爱奉献和教书育人的责任使命奋进新征程、建功新时代。

她就是上海交通大学博士研究生导师、上海交通大学医学院附属第九人民医院麻醉科主任、麻醉学教研室主任姜虹教授。

## 春风化雨，做甘守讲台的领路人

作为一名麻醉医生和专业学科带头人，姜虹深知，任何一门学科，单靠一个人的能力是无法持续发展的，只有培养更多的人才，麻醉学科事业才能得以延续。

凡事不做则已，做就做到最好。在本科生的教学工作上，姜虹总是一丝不苟。在繁忙的工作同时，她仍然坚持为学生上课，并形成了生动活泼、积极主动的学习氛围。为了让学生在每个短暂的 40 分钟内真真切切地学到知识，她用心设计每一个教学文案，反复琢磨教学准备中的每一个细节。课后，她积极与学生交流学习心得，耐心地为每一位学生答疑解惑，帮助学生真正吸收并融会贯通每一个知识点。姜虹对医学事业的教育工作数十年如一日的满腔热忱感染着每一名学生。

在住院和专科医师规范化培训教学方面,姜虹不仅身体力行做好临床带教工作,还利用业余时间,为学员提供临床技能培训和科研指导。此外,她还连续多年主持青年医师"读书会"工作,经常帮助青年医师学习,解答疑问,使他们在业务上提高很快。她带教的多名住院医师获得上海市优秀住院医师、九院优秀住院医师、九院优秀党员、九院三八红旗手等荣誉称号。指导的住院医师分别获得中国医师协会麻醉学分会和上海市住院医师技能大赛奖项,并在国内外学术会议优秀论文评比中多次获奖。此外,姜虹一直定期辅导住院医师对专业文献进行翻译,并通过网络平台向社会大众科普麻醉学知识,这一举措在提高住院医师英语和专业理论水平的同时,也增加了他们的自信心和对所学专业的认同感。

教学研究是探索教学创新的有效工具,姜虹在教学工作中不忘投身于教学研究,积极探索新的教学方法和评估学生胜任能力的方案。变革教学方式,并没有想象中的那么简单,这不仅仅是对原来传统课堂的改变,更是对教学理念、教学方式的革新,考验着教师各方面的综合能力。

聚焦麻醉教学难题,她整合线上教学资源,实现了线上模拟实训、网络理论课程、线上互动、教学实践和考试系统的有机结合,提高医学生发现问题、分析问题、解决问题的能力。依托数字化虚拟仿真技术,姜虹带领团队开发了"气管插管全身麻醉虚拟仿真实验""蛛网膜下隙阻滞麻醉虚拟仿真实验"和"股静脉穿刺虚拟仿真实验"等 3 项虚拟仿真教学课程,并创新性地开创线上虚拟实训,同时将可视化技术用于线上麻醉临床教学,取得了显著教学效果。这些成果获得了 2021 年度上海交通大学教学成果奖一等奖。此外,她先后主持了上海高校市级重点课程、上海高校外国留学生全英语示范课程、上海交通大学医学院一流本科建设重点课程、上海交通大学医学院重点教改项目等多项教学课题,发表教学论文 10 篇,主编教材 6 部,授权教学专利 10 项,而她本人先后获评宝钢优秀教师奖、上海市优秀住院医师规范化培训带教老师、上海交通大学优秀教师奖等教学荣誉。

最令她感到欣喜的是学生们全方位的成长。她培养的博士生中已有 4 位学生获得正高级职称并成为研究生导师。近 5 年来，多位中青年技术骨干还到多国顶尖医疗机构和院校研修深造，多名年轻医师也受邀在国际学术会议中做主题发言。

## 追求卓越，做科技创新的开拓者

头颈颌面部手术的麻醉管理对全世界的麻醉医师都是一项巨大的挑战。头颈部的手术操作、手术肿瘤对气道的牵拉与压迫，不仅影响患者的正常通气，更可能诱发喉部与支气管的痉挛，患者随时面临生命危险。如何改善和提高头颈颌面部手术患者麻醉效果和安全一直是临床医学面临的重大难题之一，该领域也被国家卫健委办公厅《关于麻醉科医疗服务能力建设指南》定为高危亚专业。因此，从入行的第一天起，姜虹就意识到了肩上担负的责任之重大。

针对头颈颌面部手术围手术期困难气道和重要脏器损伤发生率高的突出问题，姜虹带领着团队自 20 世纪 90 年代起，针对这些难点进行系统性研究。20 多年来，她围绕头颈颌面手术麻醉关键科学问题和临床技术瓶颈，将基础研究和临床问题紧密结合，取得了一系列创新性研究成果：创建了头颈颌面部手术围手术期气道管理的新方法，将麻醉相关并发症发生率降至 1.9%，远低于国际上的 9.0%，成果在全国 20 多个省市百余家医院推广应用，累计受益人群达到 18 万余人，其中"困难气管插管新技术"填补了国内外困难气管插管领域的一大空白，属国内首创。与之配套的"困难插管装置"也获得了中国实用新型专利和医疗器械生产许可证，进入产业化生产。此外，她带领团队率先开展人工智能与气道管理的研究，首次应用人工智能算法将面部图像、语音声纹用于评估国人困难气道，构建具有独立知识产权的气道综合预测系统。同时，姜虹老师带领课题组使用非人灵长类模型就全麻药对儿童发育脑和老年退行脑的围手术期脑健康展开研究，系列成果为从脑代谢角度探索围手术期脑健康提供重要依据。

这些研究成果形成了特色鲜明的头颈颌面部手术麻醉管理策略，并为头颈颌面部手术围手术期脏器保护提供了重要理论依据，相关研究成果发表 SCI 论文 140 余篇，其中不乏高影响力的国际知名期刊。另外还授权了 400 余项自主知识产权。2017 年上海市科学技术奖励大会上，由姜虹领衔的"头颈颌面部手术麻醉策略与围术期脏器保护的研究和应用"成果获得了 2016 年度上海市科技进步奖一等奖。这也让她更加深信，科学研究靠的是积累，是日复一日的坚持。

## 不忘初心，做生命健康的守护者

所谓医师，亦医亦师！身兼"医者"与"师者"的双重责任，在课堂上教书育人的同时，姜虹时刻不忘作为一名医师救死扶伤的责任。

随着人类生存环境的变化，头颈颌面部肿瘤的发病率不断增高，同时手术患者年龄跨度大，术前常常因进食困难造成全身营养状况极差，手术创面范围大、失血量多、手术时间长、术后管理棘手，因此麻醉相关并发症发生率相当高。但是姜虹从不因手术和麻醉风险太大，而将病人"拒之门外"。曾经有一个出生仅9 天的男婴因占据半个脸庞的肿瘤压迫食道、呼吸道而进食困难，因手术风险大被多家医院拒收。只要有一线机会，姜虹就从不愿错过，总是竭尽所能为患者创造手术机会。最终，她以精湛的医术成功为这名患儿施行了气管插管，为手术的成功扫除了一大障碍，小孩得救了。这样的例子对姜虹团队而言，每天都在发生。在姜虹的带领下，九院麻醉学科走出了一条有中国特色的头颈颌面部手术麻醉的道路，现在已达到了国内领先、国际先进的水平。

桃李不言，下自成蹊，如今，在她的带领下，上海交通大学医学院附属第九人民医院麻醉科已形成了一支拥有上海市科技精英、上海市领军人才、上海市优秀学科带头人、上海市浦江人才、上海市青年科技启明星、上海市扬帆计划人才、上海市医学会青年菁英和上海交通大学双百人人才的优秀学科梯队。同时，一支拥有宝钢优秀教师、上海市优秀住院医师规范化培训带教老师、上海交大优秀教师、上海交大医学院杏林育才奖、上海交大医学院附属医院杰出带教老师的青年教师队伍正在九院稳步崛起。

与团队交流时，姜虹时常感慨："医学靠的是积累，是日复一日的坚持。为祖国医学事业发展的征程上留下一粒微小的铺路石子，我矢志不渝。"她对自己的团队充满希望："你们学会了技术，更要学会做人，在你们面前的不仅仅是一个个难题,更是一条条鲜活的生命,既学会如何更好地解决难题,也要懂得如何更好地对待病人。"

在治病救人的医者道路上,在辛勤耕耘的育人岗位上,姜虹和团队留下了一串串坚实的脚印。塑造生命,更塑造灵魂,她用不懈的努力让这片土地生长出新的学科、新的人才和新的畅想。

# "教书育人奖"个人奖

## 二等奖

# 陈俐：倾情教育,唯爱与奉献

## 【名师名片】

陈俐,上海交通大学 2023 年"教书育人奖"二等奖获得者。船舶海洋与建筑工程学院船舶与海洋工程系教授、博士生导师。入职交大以来,主讲课程的评教分数连续多年位列全院第一和全校第一。作为船舶与海洋工程系教学工作核心成员,着力推动教学改革,曾获国家级教学成果奖二等奖、全国船舶与海洋工程学科高等教育教学成果奖一等奖、上海市教学成果奖特等奖、上海交通大学教学成果奖特等奖。

## 【名师名言】

■ 和风细雨,润物无声。岁月不言,却见证了所有真心。学生的成长进步,是教师最大的快乐泉源。

■ "没有不会学的学生,只有不会教的老师。"怀揣敬畏之心,小心翼翼步入神圣的课堂,时常反思自己的教学行为:教学准备是否充分? 教学内容是否科学? 教学方法是否恰当? 教学氛围是否融洽?

■ 工科教师有责任帮助学生拓宽工程视野,认识工程问题背后的科学问题,指导学生将理论与实践相结合,增强学生解决实际问题的自信心。

陈俐,2004年入职上海交通大学,19年来,她兢兢业业,刻苦钻研,一心扑在教学和育人上,专注课程教学、用心育人成才、服务全系师生。主讲的本科生基础课程"传热学(B类)"连续5年位列评教A档,2020秋季学期位列学院第一(1/155);研究生专业基础课"动力系统建模与仿真",2022年春季学期评教全校排名第一(1/1478)。作为船舶与海洋工程系教学工作核心成员,着力推动教学改革,曾获国家级教学成果奖二等奖、全国船舶与海洋工程学科高等教育教学成果奖一等奖、上海市教学成果奖特等奖、上海交通大学教学成果奖特等奖。

## 常怀四心,打磨每个课时

陈俐以细心、耐心、诚心和责任心对待教学,精益求精地打磨每个课时。她明确每个课时的教学任务,以问题驱动的方式开启授课环节,让学生在老师的引导下循序渐进完成学习任务,每个课时均有所获得。她建立互动试题库,抽选并抛出合适的问题,使学生将听课的过程转化为寻求答案的过程,课堂专注度显著提高,积累的试题库成为授课过程调整学生状态的"秘密武器"。她精心设计课程的项目作业,结合船舶绿色动力系统、高比能动力电池、高功率驱动电机等国家重大需求选题,考虑学生基础设置假设和边界,让学生"愿尝试、敢挑战、能做成"。在她的课上,同学们都意犹未尽,收获满满。

春风化雨,硕果累累,19年来,陈俐指导硕士生47名、博士生7名。她注重培养研究生以服务国家战略需求为导向的创新思维和创新实践能力,定期为他们讲解专业领域前沿动态,激发学生们的好奇心和求知欲,指导他们获得了一批科研成果和奖励,带领研究生完成国家自然科学基金、工信部高技术船舶大型邮轮创新工程等多项课题,指导研究生发表包括 *Applied Energy*、*Energy* 在内的高水平期刊论文80余篇,授权发明专利12项。多人次荣获全国海洋航行器设计与制作大赛一等奖、国家奖学金、船舶动力奖学金等荣誉。多名学生赴中国舰船研究设计中心、中船711研究所等国家重点行业就业。

## 教改创新,建设绿色动力课程体系

当今世界,海洋已成为世界大国政治、经济、军事博弈和较量的主要领域,海洋领域的核心竞争在于装备和人才。陈俐同时担任船舶与海洋工程系的副系主任,支撑着她身兼数职的,是她身为船海人服务国家重大需求的信念与使命感。面向"海洋强国""双碳"战略等国家重大战略需求,针对绿色动力技术瓶颈背后的基础问题,陈俐参与船海工程专业研究生、本科生培养方案改革工作,组织开展研究生专业实践教学,担任绿色船舶动力系统本硕博贯通课程建设负责人,以适应行业发展对绿色船舶相关人才培养日益紧迫的需求。

陈俐组织以中青年教师为主的教学团队,面向"双碳"战略下船舶行业对人才培养的需求,制订船舶与海洋工程专业"一体两翼"课程体系中重要的一翼——绿色动力模块的教学目标,在课程中引入海洋可再生能源、新型推进、节能减阻等绿色化理念,重构传统的轮机方向课程体系,将教学、科研实践发展为绿色动力课程模块方向。每两周组织教学研讨,进行教学理念的磨合、教学方法改进,提出并实践组合式小组合作学习法,启发青年教师将精益求精的科研"武艺"应用于课堂教学。

在"绿色化"课程体系重构的过程中,畅通绿色动力方向的本硕博课程贯通机制。本科生课程"绿色动力系统"已完成第一轮开课,效果很好,陈俐上课时十分关注学生体验,及时根据学生反馈进行调整,小测试解答内容详尽,课件内容详实、脉络清晰、重点突出,能让学生理解透彻。

陈俐善于从科研项目中提炼教学案例,丰富教学内容。以科研问题为引导,创新设计项目式教学环节,鼓励学生敢于创新,体验利用基础理论知识解决工程实际问题的乐趣,提升专业自信,师生共话家国情怀,激发使命担当。主讲研究生专业基础课"动力系统建模与仿真",以"海洋强国"与"双碳"国家战略为背景,以船舶动力系统领域的重大工程问题为引领,设计研究型教学案例,让学生带着问题听课,通过环环相扣的思考,将听课的过程转化为寻求解答的过程。该课程入选上海交通大学博士生致远荣誉计划课程。陈俐参与的"铸大国重器,育行业英才——船海工程'五大一卓越'人才培养体系创新与实践"获得2023年国家级教学成果奖二等奖。

## 行业育人,优化线上线下教学内涵

陈俐致力于打造传递行业前沿技术、提高具备解决工程问题能力,提升创新系统思维,建设工程实践与理论知识深度互动、真问题与真学问紧密闭环的人才培养体系,把行业资源引入校园,把专业理论向行业推广,行业与学校育人相结合,共同培养卓越工程师人才。

陈俐积极推动校企联合,精心打造研究生专业实践必修课,引导学生树立正确的人生观、价值观和择业观,增强学生的社会责任感、家国情怀和行业理想。近两年,她克服疫情影响,增加线上专业实践教学形式,开设"船海解密"云课堂,邀请来自江南研究院、招商邮轮研究院、中远海运重工、中船708所、中船711所等单位的资深专家开展工程案例讲座与研讨,展示工程现场、提出工程问题、讲述行业前沿、讲解工程案例和工程背后的故事,主题涉及智能船舶、低碳船舶、新型装备、数字化设计等,上课学生共计2 000余人次。疫情期间,"船海解密"云课堂以工程案例为特色,构建了在理论课堂与实地实践之间平稳过渡的桥梁,让学生通过理解工程背后的逻辑,达到认知有宽度、思考有深度、创新有强度的目标。

作为绿色动力装置与系统党支部书记,陈俐以党建共建带动科学研究、人才培养和社会服务,积极与行业单位共建学习型党组织,开展实船、实验室等实地参观和理论学习活动,开设"智能绿色动力学术论坛",邀请技术研究人员与在读硕士、博士研究生参与互动,就船舶多能源混合动力系统优化配置、能量管理策略智能化、长航程无人艇等前沿主题进行深入研讨,促进行业与高校的深度融合,从科研、教学、人才培养等方面建立和发展产学研用新模式。

编著教材,为行业育人,提高行业自主创新能力。陈俐从长期积累的科研成果中提炼出教学素材和教学案例,出版了《混合动力系统建模与仿真》教材。这部教材与产业结合紧密,被智能新能源船舶技术创新产业联盟推荐,得到行业广泛关注,并首次以电子形式提供仿真程序源代码,与纸质教材同步传播,为船舶行业在绿色动力系统设计方面的自主创新能力提升提供了良好的平台。

这就是陈俐,没有什么豪言壮语,却在日复一日、年复一年的教育教学工作中书写着对教育事业的热爱与执着,迎来一批学生,培养一批人才,她不仅是学生眼中博学风趣、平易近人的良师益友,更是他们人生路上的引路人。

# 黄宏成：潜心教书育人，敢于开拓创新

## 【名师名片】

　　黄宏成，上海交通大学 2023 年"教书育人奖"二等奖获得者。机械与动力工程学院基础实验与创新实践教学中心常务副主任，福建招生组组长，获上海交通大学教学成果奖特等奖、国家级教学成果奖二等奖，获评教育部—华为"智能基座"产教融合协同育人基地优秀教师。

## 【名师名言】

　　■ 当一位卓越的学生成功考入上海交通大学时，作为招生老师，我们不仅感受到了无比的骄傲，也怀揣着深深的责任感。我们必须倾尽全力，精心培养这些人才，以确保不辜负学生和家长对交大的热切期望。

　　■ 实验实践是培养学生综合素质的重要途径。它不仅可以增强学生的理论理解能力，培养学生独立思考和解决问题的能力，还可以激发学生的创新意识和创造力。

黄宏成，机械与动力工程学院副教授，留校任职以来，工作上勤勤恳恳，任劳任怨，在本科生招生、教学实验室管理和课程改革方面取得了突出成绩，为学校和学院的人才培养作出了积极的贡献。

## 勇挑重任，扎实抓好招生工作

生源质量决定着高校教学工作的质量，直接关系到高校的人才培养质量和声誉。因此，各大高校都十分注重招生工作，招生组组长的工作因此尤为重要。黄宏成自2015年开始担任福建招生组组长，在这招生时间最长、最煎熬的省份，他凭借韧劲和精细的工作，取得了卓越的成绩。

黄宏成深知调动招生组每一位老师和同学的积极性对于招生工作的重要性。他不仅制定了精准的招生策略，搜集了翔实的数据，还通过全方位的服务，包括咨询、指导、帮助等方式来服务考生。这些工作不仅仅是为了招生，更是为了让每一个考生感受到福建招生组和上海交通大学的热情与诚意。

黄宏成始终秉持诚信原则，用实际行动证明上海交通大学是一所值得信赖的学校。这种口碑的建立，让考生和家长对上海交通大学充满信任和信心，进而促使更多优秀的学生报考该校。

福建招生组在黄宏成的带领下，年年都能获得文理全国第三的好成绩。这不仅体现了他严谨精细的工作态度，更展现了他带领的团队在招生工作上的卓越实力。这也让福建招生组连续获得上海交通大学招生先进集体、先进宣传集体一等奖等荣誉，在选拔优秀学生方面发挥了较大作用，为学校的人才培养工作奠定了坚实的基础。

在疫情期间，黄宏成不畏风险，每年都提前赴当地开展招生工作。在确保安全防护的情况下，他坚持线下与考生进行面对面的交流，从而更好地了解考生的实际情况和需求，为他们提供更具体、更有针对性的帮助和指导。同时，这种面对面的交流也让考生感受到了学校的关怀和支持，增强了他们的归属感和认同感。这对于吸引更多优秀生源报考上海交通大学起到了关键作用。

除了关注考生的学习和生活，黄宏成还十分注重引导新生进行正确的专业认知和职业规划。他深知选对专业对于学生的未来发展至关重要。因此,黄宏成会通过各种方式鼓励学生思考自己的兴趣爱好、优势以及未来的发展方向。在这个过程中,他会提供一些建议和指导,帮助学生做出最适合自己的选择。这些工作不仅提高了学生的综合素质,增强了他们的竞争力,也赢得了众多学生的尊敬和赞誉。

## 敢于创新,稳步推进实验教学改革

黄宏成自 2019 年担任学院本科教学实验中心常务副主任以来,致力于推进实验教学改革。在学院的支持下,他积极落实各项举措,取得了显著的成效。

首先,黄宏成推动了工程技术人员参与实验教学指导。他认识到,将工程师的专业知识和实践经验引入到实验教学中,能够提高教学质量和效果,使学生更好地理解理论知识与工程应用之间的联系。通过与工程师的合作,学生们对所学知识有了更深入的理解,同时学习兴趣和动力也得到了增强。

其次,黄宏成推行了实验项目分级管理。这一举措让学生们能够根据自己的实际情况和能力选择适合自己的实验项目。通过这种方式,学生们能够更好地掌握实验技能,提高实验效果。

再次,黄宏成还推动实验报告电子化。这一改革减轻了学生们的负担,让他们可以更加专注于实验本身。同时,电子化的实验报告也为教师的评价和管理带来了便利,提高了工作效率。

最后,黄宏成实行了实验时间自由选择制。这一制度让学生们更加灵活地安排自己的学习时间,有利于提高他们的学习效率和自主学习能力。

在黄宏成的努力和推动下,实验教学改革取得了显著成效。他所带领的本科教学实验中心荣获校级优秀基层教学组织,并在 2022 年考核中获得两个 A 级。这些荣誉是对黄宏成工作的肯定,也是他致力于实验教学改革的成果。

## 不断探索,积极参与课程改革

随着智能网联汽车技术的快速发展,无人驾驶技术已成为未来汽车行业的

重要发展方向。为了适应这一发展趋势,黄宏成积极参与课程改革,探索新的教学方法和手段:

一是课程改革与创新。黄宏成积极参与课程改革,探索新的教学方法和手段。他在2018年新增了"无人驾驶算法开发"这门课程,体现了他在紧跟时代科技发展,致力于提升学生专业素养的决心。

二是实践能力和创新能力的培养。黄宏成通过自主开发的三代智能小车教具,不仅帮助学生更好地理解人工智能和无人驾驶技术的基本原理和应用场景,还提升了学生的动手能力和团队协作能力。

三是企业合作与资源整合。黄宏成积极与华为、百度、思岚等多家企业进行合作,共同推进课程的教学和研究。这种合作模式让学生有机会接触到企业的先进经验和技术成果,从而获得更优质的教学资源和实践机会。同时,企业也可以通过与学校的合作,培养更多的高素质人才,推动科技创新和社会经济发展。

四是推动竞赛文化。黄宏成积极推动与学生创新中心的合作,举办了多届全国大学生华为云人工智能—无人车挑战杯比赛。这种以赛促教的方式,可以帮助学生更深入地了解相关技术和应用,同时也促进了学生之间的交流和合作,激发他们的创新潜能和学习兴趣。

青少年人工智能教育推广:在荣昶基金的支持下,黄宏成推动了交大荣昶人工智能百校行动的举办。这一行动基于人工智能软硬件实践技术,旨在全面锻炼和提升青少年的人工智能实践能力。

黄宏成的努力获得了显著成果。他指导的三位研究生荣获华为ICT大赛2019—2020全球总决赛特等奖和2021年第三届"交通—未来"大学生科创作品大赛一等奖,这是对他们卓越成就的最好证明。

黄宏成在推动智能网联汽车技术的发展、提升学生的实践能力和创新能力、促进企业与学校的合作、推广青少年人工智能教育等方面作出了重要贡献。他的工作成果不仅体现在学术成就上,也体现在为社会培养更多优秀人才上,这正是他作为一位优秀教育工作者的体现。

# 冯琳：情系杏坛守初心，立德树人担使命

## 【名师名片】

冯琳，上海交通大学 2023 年"教书育人奖"二等奖获得者。上海交通大学电子信息与电气工程学院电气工程系教师。曾获上海市科技进步一等奖、教育部科技进步二等奖、上海市教学成果二等奖、第二届"上海市高校青年教师教学比赛"优胜奖、上海市第七届书法与板书大赛优胜奖、校首届"青年教师教学比赛"一等奖、"上海交通大学教学能手"称号、校首届教师教学创新大赛"教学学术创新奖"、校"烛光奖"一等奖、校"佳和"优秀教学奖、校三八红旗手、校优秀党务工作者、学院十大先锋党员等荣誉。

## 【名师名言】

■ 中国第一个电机学科，应当具有最棒的"电机学"教学。

■ 学生学习一门课时，教师也在学习如何教一门课，在教中学，在学中教，学无止境。

■ 教学有法，教无定法，核心是以学生为中心的教学设计，辅以各种教学方法的灵活运用。

在交大学生眼中,冯琳是个满怀激情、热情洋溢的青椒,可认识她的同事都知道,冯琳拥有 26 年教龄,早已是个名副其实的资深教师了。

在交通大学的校园里,冯琳算得上是一位"大忙人",教书育人、党建、招生等,各项工作不辞辛劳,到处都有她奔波忙碌的身影。她说:"我们所做的一切都是教育工作,教育工作是塑造'人'的工作,它不仅可以影响一个人的一辈子,还会影响到一个家庭的幸福、一个国家的兴衰、一个民族的命运。"近年来冯琳曾获上海市科技进步一等奖、教育部科技进步二等奖、上海市教学成果二等奖、第二届"上海市高校青年教师教学比赛"优胜奖、上海市第七届书法与板书大赛优胜奖、校"佳和"优秀教学奖、校首届"青年教师教学比赛"一等奖、"上海交通大学教学能手"称号、校首届教师教学创新大赛教学学术创新奖、校"烛光奖"一等奖、校三八红旗手、校优秀党务工作者、学院十大先锋党员等荣誉。荣誉的背后,是冯琳数十年如一日在教学上精益求精、育人中守正创新的默默耕耘、全心奉献。

## 玉壶存冰心,朱笔写师魂

十余年来,冯琳一直坚守在教学一线,任教"电机学"和"数字信号处理(B)"两门高难度的基础课程,评教成绩长期为 A,是学生心目中的好老师。每一节课,她都是到得最早走得最晚的人,抓紧一切时间与学生交流课堂学习感想,不断找出自己的不足并改进。她坚持打磨基本技能,获校"教学能手"称号、校首届青教赛工科组第一名、市第七届书法与板书大赛优胜奖等。同时坚持以学生的学习效果为中心的教学改革,在教学方法上不停探索,多次获校教学发展基金立项,多次代表学校参加教育部电气类专业教指委交流及全国高校教学年会汇报并获同行肯定。

"电机学"课程是电气专业本科生必修课,理论知识晦涩难懂是这门课的特点。冯琳说:"(交大电气专业是)中国近代科学技术史上最早建立的电机专科,应当具有最棒的'电机学'教学。"她长期坚持在"电机学"这门传统学科中开拓新的亮点。为了让学生们对电机有直观深刻的认识,不被书本上枯燥乏味的理论知识限制思维,她定制了一系列可以上电转动的真实电机教学模型,每次上课都会提前从实验室将沉重的模型搬到教室,下课再费力搬回去。学生们觉得冯老师太辛苦,劝她不要每次都搬,建议她拍个视频给大家在课堂上播放。冯琳却说:"虽然这些模型在课堂展示的时间可能只有五分钟,但直观接触的感受比任何学习方法都来得有效,一个视频会更方便,但大家现场看到了摸到了操作了,一定会更感兴趣,知识也会记得更牢。"另外,她主导建设电气教学长廊第二课堂,从校友处募捐多个电机模型和新型电力系统的产品,每轮授课增加现场教学,让同学们对电气装置和科技前沿有了更深的了解。课程教学改革获校首届教学创新大赛"教学学术创新奖",获评上海市线上线下混合式重点课程和虚拟仿真一流课程。但冯琳并没有满足于现状,她说:"学生学习一门课时,教师也在学习如何教一门课,在教中学,在学中教,学无止境。"她针对课程"学时不够"和"学不懂"的痛点继续开展系列设计与改进,探索多种模式结合授课的新思路,设计"3 * 7 认识电机""六个大国工程中的电机""上交电气的院士们与同步电机"等数十个创新教学节段,实践"四代投票器混合互动""课堂作业纸""4+2 同伴学习""一起来板书""'知乎'知乎?'好看'好看?""自选拼盘式作业"等多种创新教学形式,同学们纷纷在评教中说"终于不怕'电机学'了""冯老师真的是最好的老师""老师你是我的神"。"浅入深出的'电机学'混合式教学模式探究""多种投票器在电机学课程教学中的应用实践""90 后大学生团队合作学习特点"等教改项目均获评校教学发展基金,并由此提出一套基于 Canvas平台的 OBE 反向教学设计与教学档案袋一体化建设方案,通过教学实录与反思不断改进教学,该课题获评校级教育教学研究项目。

"数字信号处理(B)"也是冯琳敬业情怀的一个佐证。在一些专业教师为了科研而忽略教学,认为开设专业必修课更省精力的时候,她没有跟风放弃基础课,而是一直坚持上好这门课,这一坚持,便是十余载岁月。十多年中,"数字信号处理(B)"通过 985 三期本科全英语优质课程建设验收,并通过了学校全英语课程认定,冯琳获得了校全英语教学竞赛三等奖。课程组的教师人数也在冯琳的努力发动下从 1 位变回了 4 位,她坚信,只要她继续站在基础课的课堂上,会有更多的电气专业学生受益。

# 谆谆如母语，殷殷似友亲

"爱对于教育，犹如池塘之于水，没有水，便不能成为池塘；没有爱，便不能称其为教育。"冯琳就是这样一位如师如母的教师，把所有的爱都给了学生，把育人当作教育工作的首要职责。作为电气系党总支副书记，她从党建层面开展全方位育人工作，聚焦学生培养与教学改革，成效显著，个人获评"校优秀党务工作者"，所在的党总支获评"校先进基层党组织""上海市离退休干部示范党支部"等。2023 年 5 月，她指导与组织的"学史明志铸魂，思源携手育人"系列主题党日活动荣获校首届"十佳优秀主题党日活动案例"；9 月，她带队的"电行千里·滇亮星火"电气滇行实践团获评校"学生党支部"专项暑期社会实践团重点优秀项目。作为电气系攀登计划的主要负责人，她每年多次组织"电气职业人生"品牌主题讲座，饶芳权院士《我们这一代的初心和奋斗》、正泰集团《双碳时代的中国制造》、中国商飞《开启新时代中国"大飞机梦"》等讲座深受同学欢迎；多次组织电气青年教师为大一、大二学生进行宣讲并安排实验室体验活动；并针对导学关系、课程体系改革、课堂教学效果等重要问题，定期组织本研各年级学生及毕业生代表进行师生座谈，对于学生的疑惑有问必答，学生们都喜欢同和蔼亲切的冯老师聊天，座谈氛围轻松，讨论热烈，拖到深夜结束已是常有之事。冯琳对每个电气学生都怀有深厚的感情，每年毕业季她都会依依不舍地为他们亲自定制毕业纪念品，并将毕业寄语和交大校徽亲手粘贴在礼物上，每一份礼物都蕴含着冯琳浓浓的深情和满满希望的寄托。近年来，基于党建搭台的培养计划调研与改革，使电气工程专业两次以最高等级通过工程教育专业认证，获上海市教学成果二等奖两项，校教学成果一等奖一项。

关爱学生的同时，冯琳也不忘时刻鼓励其他教师共同承担育人使命。2020 年疫情突发，她根据自身经验与学习调研结果，连夜编写《停课不停教与学——电气工程系 2020 春季课程教学准备》《Zoom 授课——电气老师这样建议》等工作笔记，为电气系的远程授课顺利完成提供了充足的准备，她的工作笔记在学院及学校广泛传播。为了减轻其他同事的压力，让大家有更多的时间和精力研究网上教学,冯琳主动支持2020春电气系所有26门本科课程,她检查了全系所有Canvas课程平台,认真细致地为每一位任课教师提供了改进意见和建议,平均每周听课8次,整个学期协助多位老师解决Zoom、Canvas使用上遇到的问题百余次。

2022年春,作为首门线上线下混合考的课程负责人,她与教务部门多次沟通,细心制定了考虑完善的考试流程,组织几十位监考教师和200多位同学开展考试;及时总结经验,反思不足之处并提出改进建议,为学校教务处提供了第一手宝贵经验;乐于分享,多次在校院层面讲解并帮助其他课程组制定考试流程,有效助力全校考试顺利举行,多次受到校领导表扬。作为本科教学督导,冯琳在听课、毕设、试卷检查等方面投入大量时间,支撑教学质量保障体系,并因此获评"本科生优秀督导"。

在工作开展过程中,冯琳发现很多青年教师由于缺乏上课经验或不善与学生沟通,使得课程教学效果差强人意。她决定抽出时间利用自己的教书育人经验多为青年教师提供咨询和帮助。此后她多次担任学校新教师教学培训辅训员,辅导各专业新教师教学技能的提高;长期担任校教学咨询师,帮助老师们诊断并解决课堂问题;多次担任青年教师教学比赛教练,辅导老师们改进节段、精益求精;多次组织"大牌青椒面对面"活动,邀请大牌教授为青年教师答疑解惑;多次组织青年教师教学沙龙,并主讲"教学有法 教无定法——'电机学'课程有效互动探究"等内容,亲身示范教学方法与师生互动技巧。近五年,冯琳服务青年教师教学成长的时间超过600小时,辅导我校高晓沨、贺光辉等多位教师获国、市、校级青年教师教学比赛奖项13项,帮助20余位教师改进教学,助力110余位新教师走上讲台。同事们都说:"冯琳不但是学生们的好老师,也是我们青年教师的引路人。"

## 披星招物华,戴月安万家

电气系承担校本科生北京招生,冯琳作为招生工作组负责人,承担着招生常规咨询、各类大型宣讲、入校宣讲、电台宣讲、线上宣讲的组织,以及整个招生组人员、宣传材料、物资、后勤等组织与调配等工作。她将每次赴北京招生比作是一次大战,为此,她认真准备,积极备战,努力为学生和家长解答每一个问题,将交大最优异的一面展现在学生和家长面前。招生期间,她每天工作到深夜,白天宣讲,晚上研究方案制定规划,经常是凌晨刚睡下,清早又出发,只希望通过努力能够让更多的优异学子走进交大的校园。

2020年和2022年,在京高招是战"疫"也是战役,冯琳组织招生队伍辗转入京开展工作,出色完成招生工作,获校招生工作先进集体和先进宣传奖等表彰,冯琳个人获"招生先进个人"。几张纸的生源名单、几十位老师的线上宣讲、几百人次的现场咨询、几千个考生与家长的电话……凝结着冯琳老师的辛勤汗水,也彰显了众志成城、同心战疫、爱国荣校的交大精神!

此外,北京招生组与北京校友会连续十年合办"送新会",在交大校园举办"迎新会""交流会"等活动,从入学到毕业四年中全程跟踪关心学生,帮助学生适应与成长。2023届北京学子优秀毕业生率为全校两倍,涌现了一批优秀学生代表。

冯琳的日常工作还包含退休教师及困难职工的慰问。每遇年节及特殊日期,她都主动前往相关教师家中慰问,每年慰问量均超过80人次。她是院士家中的常客,是困难职工的亲人,是退休教师与系里联系的紧密纽带。孩子入学、老人住院、冬送温暖、夏送清凉,只要她力所能及的事情,都会事无巨细地耐心解决。她说:"大家都认为是我一直在关心他们,但其实,与这些老师们接触的过程,也是我不断学习与自我提升的过程。老教师们的经验和智慧,让我领会到了教书育人的深意,他们用亲身经历告诉我怎样才能成为一名合格的高校教师!"

一言一行彰显人格魅力,一举一动体现师者风范,一字一句包含谆谆教诲,一分一秒奉献无悔青春。这就是冯琳,一个多年坚守在教学一线的敬业教师,一个排除万难服务万家的党务工作者,她有着闪亮的风采,又有着博大的情怀!

# 殷翔：立足讲台、改革创新、以人为本

## 【名师名片】

殷翔，上海交通大学 2023 年"教书育人奖"二等奖获得者。上海交通大学电子信息与电气工程学院自动化系副教授。2008 年本科毕业于浙江大学电气工程学院，2012 年于美国密西根大学 EECS 系获博士学位。主持国家自然科学基金国际合作重点项目等国家级项目多项，现任 IEEE 控制系统协会离散事件系统委员会主席、IEEE Control Systems Letters 等国际期刊编委，曾获上海交通大学青年教师教学竞赛工科组一等奖、上海交通大学青年岗位能手、上海交通大学"凯原"十佳教师。

## 【名师名言】

■ 教育的核心是以人为本，尊重每位同学作为个体自由、全面、平等发展的权利，帮助每位同学追求心中的梦想，实现作为人的价值。

■ 其实面对交大这些优秀的学生，不管有还是没有我们这些老师的教育，相信他们都会取得人生的成功。我们大学老师最需要做的并不是灌输，而是陪伴，启迪同学们的兴趣、陪伴青春的历程。

在上海交通大学的校园里，殷翔老师称得上是一名"青年学术明星"。他26岁博士毕业来到交大任教，在同一年入选"国家青年特聘专家"，成为交大最年轻的国家级青年人才，并荣获福布斯中国"三十岁以下学术精英榜"等荣誉。他不到30岁就主持了国家自然科学基金国际合作重点项目，并担任IEEE控制系统协会离散事件系统委员会主席等重要国际学术组织职务，在自动控制领域顶级的两大期刊 *IEEE Transactions on Automatic Control*、*Automatica* 上发表论文四十余篇，并多次获得重要国际学术奖项。

然而在殷翔看来，自己作为一名大学教师的身份远比这些科研成果要亮眼得多。他常说："与同学们相处的每一分一秒都让我感到这份工作的真正价值所在"。

## 深入浅出，立足三尺讲台

从加入上海交通大学起，殷翔便扎根教学与人才培养一线，在过去五年中个人共承担696学时教学工作，累计获得A档教评14课次，授课学生超过1000人次。他主讲的致远工科荣誉计划课程"离散数学（荣誉）"，自2020年开课以来连续三年获得A0的全校最高等级教评，在全校944门本科生同门类课程中排名第2，深受同学们的欢迎，已经成为IEEE和AI专业大一同学最喜爱的交大课程之一。

殷翔从事的是自动控制学科中的基础理论问题研究，而在教学中他也一直认为："对于理工科学生而言，本科阶段并不一定要太在意自己到底是哪个具体专业分支的，最重要的是要打下坚实的理论基础，并构建理论问题背后的意义与直觉。"因此"逻辑严密、意义清晰"成为他对基础课程的教学理念。虽然多媒体教学在当今已经逐渐成为高校教学的主要模式，但殷翔在反复比较了多种教学模式的基础上，还是选择了回归理论课程最朴素的板书教学的模式，通过公式一步步地现场推导与梳理，将知识体系一点点从无到有地展现给学生，帮助学生更加清晰地构建理论大厦的来龙去脉与其背后的含义。

殷翔采取的"推导严密、直觉清晰"的理论课程板书教学模式也得到了学生们的一致肯定,并取得了优异的教学效果,累计获得A档教评14课次就是最有力的证明。在"离散数学"英文班中几位来自哈萨克斯坦的留学生在课程结束后特地向殷翔表示感谢,称"这是我们在交大上过的最清楚、最有意思的课程"。在课堂教学之外,殷翔坚持以赛促教,积极参加各类教学竞赛与教学改革项目,于2021年在上海交通大学"第六届青年教师教学竞赛"中以总分第一获得全校一等奖(工科组),并将教学比赛经验融入实际教学过程中,进一步增加了课堂教学效果。

## 改革创新,建设精品课程

在殷翔入职交大自动化系后不久便发现,当前交大控制学科的研究生培养体系中缺少一门与随机系统相关的课程。而作为控制学科的核心内容之一,随机系统及其控制理论在最优决策、参数辨识、信息融合等领域都有着极其重要的应用。由于缺少课程,同学们不得不去外专业选修"概率论""随机过程"等相关课程,这虽然补充了同学们在本领域的基础知识,但依然没有解决在本学科知识体系上的缺失。针对这一迫切问题,殷翔主动请缨,主持建设了新课程"系统与控制中的随机方法",并亲自从零编写了一百多页的讲义,在开课后迅速受到了同学们的极大欢迎,选课人数连续三年突破100人,连续两次获得A类教评,成为控制科学与工程学科最受欢迎的研究生基础课之一。该课程目前已建设为"博士生致远荣誉计划课程",并成为交大控制学科博士生资格考试课程,同时入选了上海交通大学研究生课程思政示范课程培育项目。

在本学科专业教学之外,殷翔还坚持交叉融合,将工科教育的思想进一步推广到工程管理教育中。2018年,上海交通大学电子信息与电气工程学院工程管理硕士(MEM)正式开班,其中"工程经济学"课程亟需既有工科研究背景又能够讲述经济学基本知识的任课教师承担。殷翔以自己在系统工程与优化决策领域的交叉研究背景,主动请缨承担此课程。为了上好这门新课,殷翔购买阅读了市面上所有相关的工程经济学教材,并观看了能够查阅到的全部线上教学资源。在系统地学习与对比之后,殷翔花了整个暑期的时间构建了适合交大MEM的工程经济学课程体系与相关教学资料。功夫不负有心人,该课程在第一次授课后就得到了首届 MEM 同学的广泛好评,获得了全 A 的评教,许多同学受到课程内容的吸引后续继续跟随殷翔完成学位论文。随着五年的不断迭代与磨炼,殷翔也从一开始的"门外汉"变成了工程管理教学领域的知名专家,在他的主持建设下,该课程在 2023 年入选首批国家工程管理专业学位研究生在线示范课程,成为交大 MEM 的招牌课程。

## 以人为本,培养学科人才

殷翔坚持以学生为中心,坚持面向国家重大需求与世界科学前沿,培养本领域顶尖学术英才,获得 2022 年上海交通大学"凯原"十佳教师荣誉。指导本科生获得"上海交通大学 Top1%优秀本科毕业论文"1 篇,指导本科生在学科顶级期刊 *IEEE TAC* 和 *Automatica* 发表论文多篇(均为本学科首次),指导硕士生获得首届"中国自动化学会优秀硕士学位论文"。

杨烁同学是自动化系 17 级的本科生,在 19 年加入了殷翔所领导的信息物理系统实验室。在殷翔的鼓励和指导下,杨烁同学在本科阶段便取得了丰硕的科研成果。本科阶段在自动控制领域 Top2 期刊 IEEE TAC 发表长文一篇,是国内在该刊发表长文的第一位本科生,并作为当年仅有的两名本科生之一入选了 2020 年"学生年度人物",毕业设计获得了"上海交通大学前 1%优秀毕业论文",毕业后赴美国宾夕法尼亚大学攻读系统科学领域博士学位。

谢一帆同学是自动化系 19 级的硕士生,她从北航本科毕业后保研加入了殷翔的团队。殷翔给她指定的课题是控制系统的安全防护,该问题来自工控系统对安全的实际要求,具有很大的理论挑战。在殷翔的指导与鼓励下,通过一段时间的探索,一帆同学提出了基于不透明性的信息安全框架,连续在控制学科三大顶级会议 CDC、ACC、IFAC 上发表论文,并获得了 IEEE 控制系统协会 DES "领域最佳论文奖","研究生国家奖学金"以及首届"中国自动化学会优秀硕士学位论文"。硕士毕业后受邀赴国际自动控制联合会主席 Allgower 教授课题组继续深造。

　　刘扬同学是船舶海洋与建筑工程学院 16 级本科生。在本科学习过程中,刘扬逐渐对自动控制领域产生了浓厚兴趣,萌生了研究生跨专业学习的想法。带着试试看的目的,刘扬在大三开学的时候联系了殷翔老师,尝试在自动控制领域进行研究。令她没想到的是,殷老师不仅邀请了这个外专业的学生参观了实验室,还从兴趣想法、职业规划、研究方向等各方面和她进行了具体讨论,也坚定了刘扬同学内心跨专业的想法。在大学的后两年中,在殷翔的指导下,刘扬在动态系统延时状态估计这一理论问题上取得了重大的突破,相关成果发表在了自动控制领域 Top2 期刊 *Automatica* 上,这是控制学科第一位在本刊发文的本科生,而这名本科生还是"半路出家"的跨专业学生。

　　Adilbek Zhumabekov 是来自哈萨克斯坦的留学生,是殷翔 2019 年"离散数学"英文班上的学生。"离散数学"是一门专业基础课程,然而课程理论性强、公式繁多,学生很容易失去对课程的兴趣,尤其是对于留学生而言格外困难。在教授课程的过程中,殷翔多次和 Adilbek 等同学进行仔细沟通交流,了解留学生在知识理解等方面的困难,并针对大家的疑惑反复在黑板上进行了详细的推导。该课程受到了包括 Adilbek 同学在内的留学生一致的好评,同学们在课程结束后特地向殷翔老师发微信表示感谢:"这是我们在交大上过的最清楚、最有意思的课程,感谢殷老师一学期耐心的解答,让我们看到了交大老师的最高水平!"

# 李冕：引领学生迈向未来的孺子牛

**【名师名片】**

　　李冕，上海交通大学 2023 年"教书育人奖"二等奖获得者。溥渊未来技术学院长聘教授、院长助理，闵行区科委副主任（挂职）。清华大学本科、硕士，美国马里兰大学博士。美国机械工程师学会会士（ASME Fellow）、IEEE/IES 会员。曾获上海市教学成果奖一等奖（主要成员）、上海交通大学教学成果奖一等奖、上海交通大学教书育人奖（集体）二等奖、上海交通大学"凯原"十佳教师、上海交通大学优秀教师、第二届姚征沪港交流奖励基金等荣誉。

**【名师名言】**

　　■ 大学教授，不应该只待在象牙塔中坐而论道，也需要在艰苦的环境中教书育人，身体力行，即便所做有限，这同样是一个师者的自我修行。

　　■ 对于老师来说，传授知识是应有之义，但更重要的是育人。

　　■ 如果比聪明你不是对手，那么勤奋就是你唯一的武器。

　　■ 兴趣是自我驱动的源泉。

1994 年,李冕考入清华大学,积极向学、潜心科研,以优异的成绩取得学士和硕士学位;在博士学习和博士后工作期间,他是美国马里兰大学机械工程系 2007 年最佳博士论文奖(Best Dissemination Award)唯一获奖者,所开发的原型软件入围美国马里兰大学 2008 年最佳学术发明奖,在 2009 年第 35 届美国机械工程师学会(ASME)设计自动化会议上所发表的论文获年度最佳论文奖。

李冕深受教师母亲影响,在求学期间就将教书育人作为自己毕生的事业,也立志成为一名教师。他响应祖国"建设世界一流大学、培养世界一流人才"的号召,于 2009 年学成之后回到这片养育他的土地,继续播种知识的种子;他潜心教学,注重培养质量,关心学生成长,教授的多门课程获学生一致好评,培养的学生投身于祖国各行各业的建设中;他积极创新,引领项目式教学改革,探索了校企联合毕业设计课程的"新工科"模式,推进院校信息化建设,率先打造了服务国际化办学的教学信息系统。

面向未来,李冕敢于归零。作为溥渊学院院长助理、教师招聘委员会主席、学术委员会委员、教学指导委员会委员,他为学院人才引进和学科建设出谋划策,为人才培养严格把关。入校十四年来,他登高望远、扎根奋斗,践行了交大人教书育人、立德树人的使命与担当。

## 独当一面,建设国际化一流机械专业

李冕着眼改革,躬耕不倦。自 2009 年加入上海交通大学以来,他先后教授"工程导论""设计与制造 I""设计与制造 III""工程优化"等课程,累计教授 3 000 余名学生。在密西根学院工作期间,他深入参与学院课程改革试点。从完善学院机械工程学科培养方案、规划核心课程体系,到与企业对接项目需求,他带领团队一步一个脚印,打造了学院精品课程本科生毕业设计课程(Capstone Design)。十余年来,他每年参与监督、指导约 300 名本科毕业生,负责 100 人的毕业设计课程的课堂教学,设计和管理近 60 个毕设项目。他指导的毕业设计团队多次获得密西根学院毕业设计金奖。

李冕把教书育人作为头等大事。课堂上,他以工程实例深入浅出地解释新知识,增进学生对知识的理解,帮助学生建立新的思考方式。他始终把帮助学生构建全面完整的知识体系作为教学目标,引导学生把不同课程的内容有机结合起来,使得学生在学好一个个知识点、一门门课程的基础上,全面地将专业知识融会贯通。他注重机械工程的课程与产业实践相结合,针对课程内容设计了相应的实验项目,使学生通过实践加深对于知识的理解。他重视与学生的互动,鼓励学生提出疑问,通过学生的及时反馈,调整教学方式或修正课程内容,教学相长,真正做到"传道授业解惑"。

由于在本科毕业设计课程上的突出贡献,2013 年李冕获得上海市教学成果奖一等奖(主要成员)、上海交通大学优秀教师奖和密西根学院 Jason-Daida 优秀教学奖。2015 年获得上海交通大学教学成果奖一等奖。

## 勤勉务实,培养高水平卓越领军人才

李冕勤勉务实、勇攀高峰,不断引领学生入主流、成大材。在研究生培养方面,李老师注重对科研方向的把握,同时给予学生充分的思考和规划自主权。科研选题时,他关注学生的兴趣和特长,引导学生从事原创性研究,培养学术人格。项目开展时,他充分重视课题的前沿性和与产业的紧密对接,带领学生通过与各大企业研发部门的深入合作,了解产业中面临的最急切、最实际的真问题。培养过程中,他坚持让研究生参加高水平国际会议,支持学生到国外参与学术交流,开拓视野、博采众长。

李冕指导的毕业生很多选择追随他的脚步,从事教职工作:2014 级荷兰籍硕士生 Anton van Beek 目前已成为爱尔兰都柏林大学机械与材料工程学院的助理教授,2015 届博士毕业生王婧、周建华分别就职于华南师范大学、上海电机学院教职岗位,2019 届博士毕业生蔡润泽在交大密西根学院担任助理教授。其他毕业生也都在一线为祖国的教育、科研和技术发展贡献力量,身体力行地把论文写在祖国大地上。

在密院任教期间,李冕同时负责学院信息化建设。他主动作为,不断通过技术服务实现办学引领,深度挖掘信息化建设助力人才培养质量提升的新模式。

遵循"以学生为中心""解决学生真问题"的原则,他牵头建设的学院综合信息管理系统为每位师生带来切实的便利,并发挥溢出效应,在疫情防控期间体现出重要作用。

## 身正为范,以公益之心育时代新人

在立德树人方面,李冕长期参与公益志愿活动。他为自己立下了一个"小目标":每年都要亲身参与一项学生社会实践。他曾带领密西根学院支教团前往云南省玉溪市峨山县塔甸镇大西村大西小学,帮助大山深处的孩子们开眼看世界,用热情和温情感染学生,燃起他们求知的火苗,激励他们用科学与知识实现人生的梦想。谈到支教初心,李冕说:"我从小在贵州长大,深知云贵一带山区的教育与经济情况,正好有这样一个机会,让我能够用自己的力量做出一些改变,我便毫不犹豫地收拾好了行囊。心之所向,素履之往。"

他也作为指导老师参与"交大全球挑战计划项目",连续两年带队参与上海交通大学大理生态经济发展创意挑战营项目,带领交大和港澳高校学子一起深入基层、体验民情,为云南大理生态保护及经济发展谏言献策,增强青年学子的社会责任感。

因为在立德树人方面的贡献,李冕先后获得上海交通大学"凯原"十佳教师、第二届姚征沪港交流奖励基金、学生最受欢迎的教师等称号。

## 面向未来,打造战略型未来技术学院

2021 年 8 月,上海交通大学建立溥渊未来技术学院,李冕担任学院院长助理。作为全国首批 12 所未来技术学院之一,学院承载着推动高校体制机制创新,加快战略型国际化科技领军人才前瞻性和战略性培养,抢占未来科技发展先机的重要使命。在李冕的努力下,学院快速建立了一支包括长聘系列教师和科研系列教师的高水平、国际化师资队伍。李冕深入探索交叉学科人才培养规律,坚持以产教融合为抓手、大跨度多学科交叉为重点、国际化办学为特色,主持完成了健康科学与技术方向从本科到博士生的课程体系和培养方案。为发挥学院产学研融合育人优势,他牵头与上海市闵行区科委、无锡锡山政府、宁德时代、瑞金医院、上海联影医疗、复旦附属妇产科医院、上海市消防总队等政府、科研机构和企业开展深入合作,发掘合作需求、多次沟通接洽、推动合作落地,为创新型的产教融合育人模式做出了众多开创性的工作。

2023 年初,学院设立"溥渊未来学者计划"以培养面向未来发展需要的具有未来能源技术、未来健康技术研究背景的学生,李冕积极参与项目的谋划与落实。计划落地后,李冕作为首批溥渊未来学者的导师之一,以项目形式指导跨专业跨学院学生,在人才培养新形式上不断探索,得到学生高度评价:"李老师工作严谨细致,教诲如沐春风。他时长鼓励我敢于质疑、勇于创新,是我一生学习的榜样师长。"

立身南洋育四海桃李,胸怀天下著锦绣华章。李冕是敢为人先、与日俱进的开拓者,也是学院溥博渊泉、务实奉献的实干家。为一流的专业建设开拓进取,为一流的人才培养躬耕不辍,为一流的学院建设归零向前……李冕的身上,时刻闪耀着追求向上的时代光芒,时刻迸发着催人奋进的蓬勃力量。

# 黄建国：立德树人铸师魂，桃李春风育英才

## 【名师名片】

黄建国，上海交通大学 2023 年"教书育人奖"二等奖获得者。数学科学学院长聘教授。于复旦大学获得学士学位和博士学位。曾任上海交大数学科学学院副院长。2006 年获教育部新世纪优秀人才称号，2016 年获上海市育才奖，2017 年获上海教学成果奖一等奖（排名第四）。先后两次在世界华人数学家大会作 45 分钟邀请报告。主要从事有限元方法与应用和机器学习等方向的研究工作，共发表学术论文 110 余篇，部分发表在计算与应用数学方向的顶级学术刊物。

## 【名师名言】

■ 在课堂教学中，把抽象的数学概念化难为易，深入浅出地讲授数学知识内在逻辑体系，激发学生学习兴趣，体现数学的抽象之美和应用之美。

■ 科研是教学工作的源头活水，应将科研心得融入人才培养中，不断拓展拔尖人才培养的深度与厚度。

■ 坚持正确的价值引领，弘扬中华数学文化，抒发爱国情怀，增强文化自信。

黄建国教授自1992年博士毕业到上海交大工作至今已有三十一年。他三十年如一日耕耘在教育科研工作一线，诠释着师者的责任与担当，助力一批又一批优秀学子成就梦想，在"立德树人"和"教书育人"方面取得了突出成绩。

## 潜心育人，不忘初心

"为祖国培养优秀数学人才"是黄建国从事教育工作的初心和梦想。他在上海交通大学工作三十多年来，先后讲授过不下十五门不同的课程，坚持在人才培养一线辛勤耕耘。近年来，每年坚持主讲"微分方程数值解""科学计算""微分方程的高性能计算"和"现代数学专题：有限元方法"等专业基础课程、前沿课程以及通识教育核心课程"中国传统文化中的数学算法"，以满腔热情投入教学工作，超额完成教学任务，评教成绩优良。他高度重视课堂教学，每节课讲授总是坚持精益求精，通过深入浅出的课堂教授把难懂抽象的数学概念化难为易，清晰讲授数学知识内在逻辑体系，激发学生学习兴趣，深受广大学生好评。2020年春季学期，由于突如其来的新冠疫情，"微分方程数值解"课程的教学被迫转为线上进行，这种全新的授课方式给每个任课教师都带来了前所未有的挑战，黄建国倾注了大量精力来为教学做准备。为了保证线上教学的质量，他多次向学院同事请教，最后确定使用Surface电脑搭载Penbook软件，完成线上教学。在具体教学方式方面，他经过深入思考，采取了PPT与板书相结合的模式进行授课。这种方式既能充分体现PPT的优势，将相关数学概念生动形象展示给学生，又能通过板书实时书写推导过程，引导学生思考，并积极调动学生参与讨论。2022年秋季学期，面对上海疫情的反复，交大采取了线上—线下相结合的运行模式，黄建国也尝试了在教室线下讲授"科学计算"课程，即使面对着空无一人的教室，他仍然保持饱满的热情，全心投入到教学工作中。黄建国始终坚持严谨的治学态度，敬业的工作作风，以教书育人为己任，将立德树人这一根本任务落实于教育教学的每一个细节上；不管是线上还是线下，黄建国对每节课都精心设计与准备，以精益求精的精神照亮了一批又一批青年学子求知之路。有同学在i.sjtu.edu.cn中留言："老师授课生动活泼，让我对计算这门学科更有了探索的动力","我觉得有必要聊一下我自己有趣的上课经历。事实上开始三周的课我都没听,直到第五周要到教室签到,我才去教室听课。我记得很清楚,那节课讲的 Fourier 方法研究差分格式稳定性,我感觉我直接沉浸在课堂之中,讲得真的非常非常好! 从那之后就专心听课了。"

在繁忙的教学之余,根据 30 余年的教学经验与科研经历,黄建国独立撰写了教材《偏微分方程数值解》,该书作为北京大学出版社重点推出的 21 世纪数学规划教材数学基础课系列教材,于 2023 年 1 月正式出版,该系列还包括中国科学院院士张恭庆等编写的教材。在编写这本教材的过程中,黄建国贯彻"四位一体"的讲解模式,即通过数学建模、算法设计、理论分析和上机实算相结合的方式,从直观和理论两方面解读如何合理构造求解偏微分方程定解问题的数值方法。在课程内容上也强调了创新,既适当介绍了要研究的核心偏微分方程的物理背景,以帮助读者在物理直观的基础上产生算法设计的合理构想,同时,补充了若干必要的偏微分方程知识,将模型理论与算法设计融会贯通;对于一些关键算法,借鉴诸多专家成果,在新的观点下做出了重点介绍,以提高学生独辟蹊径、开拓创新的能力。与国内外同类教材相比,本书还特别介绍了如何利用 MATLAB 软件实现网格剖分和有限元编程,旨在使学生具备学以致用甚至开展创新研究的能力。这本书一经出版就得到了校内多位专家和同行的关注和支持。

正是这些点点滴滴的成绩,黄建国于 2021 年荣获上海交大数学科学学院首届"兴泉"优秀教师奖励基金,2019 年年度考核优秀,2017 年获得上海市教学成果奖一等奖(排名第四),2016 年荣获上海市育才奖。

## 教研并重,桃李春风

黄建国主要从事限元方法与工程应用,快速算法设计与分析和人工智能算法设计与应用方面的研究工作,取得突出的研究成果,共发表学术论文超过 120 余篇,部分在计算与应用数学方面的顶级学术刊物如 SIAM 系列,*Math. Comp.*,*Numer. Math.*,*JCP*,*Inverse Problems* 和 *JDE* 等上发表,SCI 引用近 800 次。先后 8

次主持国家自然科学基金项目,作为核心成员参加国家 973 项目,国家重点研发计划、中科院先导项目和上海市重点项目各 1 项,指导一名学生获上海市优博论文奖。黄建国坚持用十年磨一剑的学术精神感染学生,把攀登科研创新高峰的梦想传递给青年学子,他把科研作为教学工作源头活水,注重把自己对科学的热爱、科研前沿进展以及长期从事研究的经验体会融入人才培养,坚持以开阔的视野思考人才培养工作,不断拓展拔尖人才培养的深度与厚度。在研究生培养中,他坚持"价值引领、知识探究、能力建设、人格养成"的"四位一体"的人才培养理念,精心培养每位研究生,深耕拔尖创新人才培养。至今,已指导(含毕业与在读)研究生 74 名,其中有 25 名为博士研究生。作为一名教学科研并重的教师,在研究生培养过程中,他以言传身教的方式向学生灌输严谨的治学态度。对于经典文献,黄建国带领并要求学生逐句阅读,不跳过任何所谓"显然"的推导,最终彻底搞懂文献。对于关键研究文献,他经常先自己研究研读,然后用直观朴素的语言将核心思想介绍给学生,让他们能尽快进入学术前沿。对于高年级同学,黄建国要求他们介绍前沿研究成果时抓住核心,将主要创新及关键方法步骤用自己的话概括,以此提高和培养学生的表达能力和批判性思维。

黄建国坚持将"教书"和"育人"有机融合,把人才培养由课堂延伸至课外,给予学生成长无微不至的指导与关怀。在日常生活中,黄建国和蔼可亲、平易近人,在学生遇到困难时会积极帮助学生走出困境。例如,2020 年,博士生贾丽家庭突遭变故,黄建国积极做贾丽的思想工作,亲自送她到浦东机场返家。由于她家庭比较困难,黄建国尽力给予帮助,希望她尽快从痛苦中走出来。在近五年毕业及在读的博士研究生中,有不少同学取得突出成绩。例如,2019 年毕业的郭玉玲同学荣获郭本瑜青年学者优秀论文二等奖;2021 年毕业的冯方同学在校期间获研究生国家奖学金,博士毕业后在华师大博士后流动站工作,获得上海市超级博士后和国家博士后基金资助。同年毕业的余跃同学就读期间获凯原励志奖学金,毕业后就读上海交大自然科学研究院博士后,与联系导师金石教授及青年学者 Nana Liu 合作研究,在量子计算领域取得了突出成绩。2023 年毕业的博士生王颢钦被评为上海市优秀毕业生,发表的一篇学术论文被知名 SCI 刊物 *East Asian Journal on Applied Mathematics* 列为 2022 年 *Featured Article*。

在由这些博硕士生组成的研究团队的有力支撑下,黄建国近五年先后主持自然科学基金面上项目2项,作为核心成员参加国家重点研发计划和中科院先导项目各1项,发表和接受发表SCI论文30余篇,部分在计算与应用数学方面的顶级学术刊物如SINUM、SISC、JCP等发表。先后两次在学术界有重要影响的世界华人数学家大会作45分钟邀请报告。

## 甘于平凡、乐在奉献

在做好教学本职工作的同时,黄建国还积极向社会弘扬中华数学文化。2020年1月应中科院院士、《数学文化》主编汤涛教授之邀,为中国科协青少年科技中心主办的《数学英才》系列讲座录制名为"中国古代圆周率计算史"微课程10讲,颇受欢迎;同年6月在北京大学"博雅大学堂"作数学文化讲座"中国古代数学家是如何高效计算圆周率的"。该讲座被"学习强国"选用,点击量至今已超27万次,获得超1.5万次点赞。此外,黄建国还担任学院教学委员会委员,研究生招考委员会委员,科学计算方向指导小组成员及国际合作项目"数量金融硕士生班"中方负责人等,积极谋划发展,组织参加各项活动,为数学科学学院发展添砖加瓦。他还担任中国仿真学会不确定性系统分析与仿真专业委员会委员,中国计算数学学会下设有限元方法工作小组成员,和SCI刊物 *Communications in Nonlinear Science and Numerical Simulation* 等三个学术刊物编委,为国内外学术界服务。

# 何峰：施仁爱之心，铸学者风范

## 【名师名片】

何峰，上海交通大学2023年"教书育人奖"二等奖获得者。上海交通大学物理与天文学院教授，致远学院副院长，承担本科必修课程"量子力学Ⅰ"和"量子力学Ⅱ"课程教学，授课效果得到学生、督导、学院领导的一致肯定，曾获得上海交通大学首届"佳和"优秀教学奖，上海交通大学优秀博士生导师荣誉称号，指导多名本科生获得上海交通大学优异学士学位论文。还承担国家杰出青年基金项目，作为首席科学家承担国家重点研发计划项目，发表学术论文100余篇，其中20多篇发表在 *Phys. Rev. Lett.* 上。

## 【名师名言】

- 老师的教学态度，学生看得一清二楚。
- 教育的全部，是爱。

教书育人是教师的天职,同时也是何峰老师为自己立定的初心和使命。在他看来,对一位"出色"教师的评判标准是多维度的,既要对学生严格要求,又要对他们温和亲切;既要对教育事业怀有崇高敬畏之情,又要重视实际实践并坚持不懈地学习。

## 以教学为轴心,以科研作半径

何峰在教育领域工作了十多年,尽管高校的科研压力繁重,但他一直坚信,教育和培养学生是人民教师的首要职责和核心任务。

何峰坚持每年给本科生讲授两门课程——"量子力学Ⅰ"(4学分)和"量子力学Ⅱ"(3学分)。这两门课程作为专业必修课,承载着物理学研究的核心精髓,也指引着物理学领域的前沿发展方向。学生往往对这门课程抱有极大的热情和兴趣,但又因无法通过日常的生活经验获得量子力学的图像而感到困惑。他们如何才能更好地掌握呢?许多物理现象似乎超越了常识,又该如何解释呢?何峰一直在思考这些问题。为了把这门课讲得深入浅出、易于理解,何峰认真审视了量子力学的教学方法,精心并个性化地设计了课程内容。

为了将量子力学中的抽象概念呈现得更形象和生动,同时将微观世界以更宏伟、更直观的方式展示给学生,何峰亲自制作了教学小电影,帮助学生理解波粒二象性、波函数的相位等基础概念。值得一提的是,他常常在家庭作业中设定绘图题,引导学生使用简单的计算机程序将那些晦涩的数学表达式以图像或电影的方式呈现,以提升学生获取知识感受,并增强他们对量子力学和经典物理学之间联系和差异的认识。

同时,何峰一直保持对不断发展和深化的量子力学前沿理论的关注,刻意将引人入胜、前沿的内容融入课堂教学中。以双缝干涉实验为例,他从电子双缝干涉这一基本现象出发,扩展到分子光电离过程中的杨氏双缝干涉现象,启发学生基于杨氏双缝干涉数据,思考如何测量出分子的键长和激光穿越分子的时间(几百仄秒,1仄秒 = 10~21秒)。在学生独立思考后,何峰参与讨论,提供自己的见解,探讨如何设计实验方案以观测分子在飞秒时间尺度上的"呼吸运动"。

学生对前沿科学的迅猛发展感到震撼,科学研究兴趣被极大程度激发。先后有十多名本科生加入何峰团队参与科学研究,本科毕业前在国际一流期刊发表了十多篇 SCI 论文,他授课的多个班级里本科毕业后平均直博率超过 90%,课程评教常年为 A 档。

为了增强学生的自主学习能力,帮助他们拓展思路、克服学习中的挫折情绪,何峰积极倡导学生"组团学习"。他观察到,致远荣誉计划下的学生通常拥有较强的学术素养,如果他们有志于学术研究,学术合作是克服困难的关键举措之一。这个理念需引入到基础学科教育中。因此,何峰特地设计了具有挑战性的期末大作业,要求学生组建三人小组,围绕既定的核心问题,进行为期一个学期的深入研究。期末评估仅考察团队的整体完成情况,一般不考核个人表现。几年的教学实践下,每一届都涌现出杰出的"研究小组",他们不仅详尽深刻地探究问题,还培养了协作研究和无私奉献的科研习惯,享受着思维碰撞带来的自由与乐趣。

此外,何峰也格外重视思政教育。他在课堂中经常向学生们讲述在量子力学的发展过程中那些令人振奋的科学家故事,以培养学生们的科学素养。每次授课,他都力求将课程内容与具体的历史故事或有趣的科学问题相结合,将同时性的理论问题置于历时性的背景之中。例如,他会分享薛定谔是如何创立薛定谔方程的,波函数的理解经历了怎样的演变;他会探讨量子力学的发展历史与中国近代史之间的联系;他会分析国力和社会生活水平如何对科学发展产生影响;他会描绘一代又一代充满活力的科学家如何崭露头角,成为时代的领航者。这些问题会悄悄植入他们的思维中,激发当代青年学生勇敢面对挑战、敢于打破传统思维束缚的精神。

## 因英才施教,铸学术新星

2012 年元旦刚过,农生学院大一本科生何同学,通过学校网上的本科生研究计划(PRP)找到何峰,希望跟他学习做研究。PRP 题目是针对物理本专业高年级本科生设计的研究课题,要求学生具备一定的量子力学基础。面对这位物理学"门外人",何峰略感犹豫,但仔细考虑后,他递给了这名学生一本英文的量子力学教材,告诉他在寒假期间自学这门课程。如果学生能够学好这本书,下个学期开学后可再进行学术讨论。毕竟量子力学不是一门容易掌握的学科,何峰为这位学生的决心备感期待,尽管他并不抱太大希望。然而,出乎意料的是,在春节过后不久,这名学生又一次出现在了何峰的办公室门口。

这个踌躇满志的孩子抱着书本,拿着资料,把自己在假期里积累的所有疑问和困惑一一道出。何峰深感意外,看着他坚定的态度,也以同样认真的态度为他细致地规划了未来的学术之路。鉴于这位学生的特殊情况——没有物理学的相关基础,何峰结合他的学识基础、思维特点,何峰为他开设了一门"私人订制"的"量子力学Ⅰ"课程。这种一对一的教学开始后,何峰每周都会给他布置自主学习任务,然后两人会约定时间进行问题解答,重点处理他在自学过程中遇到的疑难。经过三个月的努力,这位充满热情的学生已经在量子力学课程获得了相当深刻的理解,并且能够独立进行简单的数值模拟工作。

PRP项目完成后,两人又继续开展了其他课题研究,随着探索的不断深入,这名学生逐渐拥有了卓越的学术素养,本科毕业前一共发表了4篇物理学相关的学术论文。本科后两年,何峰和他持续讨论物理学各领域的基本知识点,通过"自学+讨论"的学习方式,帮助他逐渐掌握了物理学本科生的全部必修内容。这位学生后来笑谈,自己几乎是跟着何老师一个人学完了物理本科的全部课程。

当该学生准备本科毕业并考虑攻读博士学位时,何峰强烈建议他申请欧美名校,加入世界顶级科学家团队,要充满斗志地完成学术理想。何峰充分认可了他的能力,并表示愿意为他写推荐信。在学生和父母反复讨论后,他决定留下来加入何峰的研究团队,继续攻读博士学位。何峰为此感到欣喜,但也感到不安,他自问:面对如此有研究热情的学生,自己一定能把他培养好吗?一定能把他培养成最优秀的博士吗?

何峰表达了他的担忧,但学生的决心依然坚定。为了不负他的期待,在攻读博士学位期间,两人紧密合作,每年春节前后都热情洋溢地探讨物理问题。每每回顾这五年的时光,何峰都备感珍贵。在攻读博士学位期间,学生以第一作者或通讯作者身份发表了4篇PRL(物理学顶刊),还以核心作者身份发表了多篇和实验合作的顶刊论文。他荣获了上海交大首届"学术之星"奖项以及上海交大首届优秀博士毕业生发展奖学金，毕业论文也获评上海交通大学优秀博士论文。

2020年博士毕业后，经何峰推荐，他前往德国海德堡的马普核物理研究所从事博士后研究。如今，他已经成长为超快激光物理领域国际知名的年轻学者。

## 不忽视不放弃，让每一个学生力争上游

在上海交大授课十余年，何峰迎来送往过很多学生，还有一个学生令他印象深刻。

物理与天文学院的一名本科生，安静、内敛，在4年学制里未能顺利通过量子力学 I 的考试，因此不得不延期毕业。2015年春季学期，是他本科学习的第六年，他来到致远学院尝试修读何峰讲授的量子力学 I 课程。课堂上，何峰一眼注意到了这位沉默的男生，他学习刻苦，努力认真，笔记做得满满当当，但当问及量子力学基本概念时，他却一无所知，何峰感到奇怪，只能继续观察。不想在连续两周的课堂上，他的表现皆是如此，何峰感到普通的授课节奏或许无法给予学生足够的帮助，这样持续下去他必定无法达到课程考核要求。

因材施教，有教无类，面对特殊的学生，一位合格的教师不应该轻言放弃。何峰经过审慎思考，采取了特殊的教学方法。首先，他明确告知这位学生，不可能因为他延毕和面临肄业风险就降低这门课程的考核标准；其次，他单独给学生布置自学任务，不再要求学生去课堂听讲。每周，学生需要阅读何峰精心划定的章节，并独立完成作业，且每周必须在固定的时间来何峰的办公室，进行不少于3小时的一对一讨论。

在这样循序渐进的教学过程中，何峰根据学生的思维方式、知识基础和理解水平，深入浅出地给他讲解相关内容，不限于量子力学 I，甚至包括前置课程如数学分析、线性代数和原子物理等，帮助学生补上必需的基础知识。一个月后，学生在何峰的悉心指导下慢慢恢复了学习信心，两个月之后，他已经能够提出有价值的问题，展现出自己的独立思考能力，并在成绩上取得了明显的进步。

有一天下午，在日常一对一辅导时，这名学生的妈妈不期而至。何峰才得

知,在这名学生本科延期的两年里,他的母亲一直在上海陪伴着他,一家人为孩子的学业问题感到无奈和焦虑。而在这个学期,母亲欣喜地看到了孩子的转变,说什么都要来办公室当面道谢。何峰表示自己的唯一目标就是帮助学生把量子力学学好。最终,这名男生在期末考试中取得了不错的成绩,并顺利拿到了毕业证书。何峰感到非常欣慰,更令他高兴的是,这个曾经胆怯的学生最终以自己的真才实学通过了交大的考核,并重新找回了生活的信心和激情。在毕业前,这家人再次来到何峰的办公室,以深切的感激之情表达了他们的谢意。

几个月后,何峰突然收到了一份来自祖国边陲的快递,好奇地打开——里面是一堆大枣、核桃、葡萄干,还有一封感谢信。何峰仔细读着,感慨万千,默默打开中国地图,找到了那个边陲上的美丽城市。正如学生信中说的那样,他希望有一天他们能在那个美丽的地方相遇。

# 陈接胜：播下求索的种子，点燃创新的火焰

## 【名师名片】

陈接胜，上海交通大学化学化工学院教授，上海交通大学2023年"教书育人奖"二等奖获得者。1979—1986年在中山大学学习，先后获学士和硕士学位，1989年于吉林大学获博士学位，1990年赴英国大不列颠皇家研究院从事博士后研究，1994年返回吉林大学工作，后晋升为教授，2008年调任上海交通大学化学化工学院教授至今。致力于无机合成与固体材料化学研究，迄今在国内外学术刊物共发表论文400余篇。1997年获国家杰出青年基金资助，1999年被聘为长江学者特聘教授；获教育部科技成果（自然科学）奖一等奖、上海市自然科学一等奖、国家自然科学二等奖等奖励。

## 【名师名言】

■ 做科研一定要有激情和锲而不舍的精神，同时要懂得甄别有价值的研究。

■ 日常学习生活中要牢记三心，即责任心、上进心和仁爱心。

陈接胜教授从事教学、科研和研究生指导工作数十年,不忘立德树人初心,牢记为党育人、为国育才使命,不断研究探求教育教学规律,将教书育人与科学研究紧密结合,以各种有益的方式与学生建立良好的教与学的关系,成为学生的良师益友。"学为人师,行为世范",陈接胜用人格魅力感染着身边的每个人。

## 立德修身,追求卓越

师也者,教之以事而喻诸德也。教师的责任不仅仅在于传授知识技能,还在于让学生明白其中的各种客观规律和道理,这是陈接胜在学生培养过程中一直坚守的原则。他不仅注重培养学生的学术和科研能力,也非常注重学生思想境界的提升。他认为,这种教育培养方式将学术、实践和修养融为一体,促进学生全面发展,从而使他们成为能为社会作出突出贡献的、有卓越才能的综合性人才。

陈接胜不忘立德树人初心,牢记为党育人、为国育才使命,积极探索教学方法和教育理念,不断寻求创新,在教学和科研育人的工作中取得显著成效。他时长教导学生作为交大人要有社会责任感和历史使命感,引导学生关注社会、国家乃至人类的发展需求,坚持做对民族和国家真正有用的科学研究。他教导学生理解催化在解决全球能源和环境问题中的重要性,聚焦真正有意义和挑战性的实际课题。在课题组组会上,他认真听取每个学生的汇报,从不同角度引导学生深入思考课题重难点,一针见血地指出工作中的关键问题。他善于激发学生的科研兴趣和创新思维,鼓励学生勇敢提出自己的想法与见解,让他们大胆去尝试;着重培养学生掌握专业基础知识和开展科研活动的能力,教导学生做科研一定要有激情和锲而不舍的精神,同时要懂得甄别有价值的研究,只有这样才能做出真正有价值的成果。

陈接胜坚持立德树人,把为学、为事、为人统一起来,成为众多学生成长道路上的引路人。他以高标准、严要求给学生传授知识,而且言传身教,用自己的人格品质影响教育学生,他的悉心指导和榜样作用推动着学生在学术和生活中不断成长。近年来培养的研究生在校期间多次获得国家奖学金、上海交通大学研究生"学术之星"、校优秀博士论文和优秀博士论文提名以及校优秀硕士论文，指导的多名博士在国内外知名大学继续从事学术研究或前往国家重点行业任职，在各自的岗位发挥着重要作用。

## 桃李不言，下自成蹊

陈接胜在科研中潜心问学，匠心育人。在教学工作中，他始终秉持叶圣陶先生所言的"教师当然须教，而尤宜致力于'导'。导者，多方设法，使学生能逐渐自求得之，卒底于不待教师教授之谓也"。在面向本科生的课程中，他从学习理论知识、培养实验技能和锻炼文献调研能力三方面对本科生进行科研能力的培养与锻炼，引导学生学习思考科研中的"是什么？""为什么？"和"怎么做？"。立足于"ET 创新实验课"，他向本科学生介绍科研中常用设备与材料表征方法，使学生在实验实践过程中体会和了解该领域的学术思想和技术手段，将书本中的知识和实践相融合，为学生进一步选取方向及独立开展科研打好基础。此外，在"学子论坛"课程中，他本人（并多次邀请相关专家）就化学及前沿交叉领域开展专题讲座，针对不同学生的学习需求，为他们提供个性化的指导和支持，鼓励学生提出问题、表达观点，激发学生的求知欲和好奇心，提升思辨能力。

在培养学生的过程中，陈接胜首先以引导者身份带领学生进行科学研究，随着学生学习能力的提高和专业知识的积累，他逐渐让学生成为科学研究中的主体，培养学生独立科研的能力。在与学生探讨学术问题时，他鼓励学生在学术上超越自己，为学生树立起不怕困难，勇于挑战，勇于超越的信心，并结合不同学生的学习习惯、研究进度，因材施教，挖掘学生在科研上的潜力与天赋。陈接胜曾说："在科学研究中我们时常会遇到意想不到的困难和挫折，但只要我们有追求科学真理的决心和毅力，我们一定能战胜困难，达成目标。"当学生在科研中遇到困难和瓶颈时，他总会与学生一起思考可能存在的问题，共同讨论解决方案，鼓励学生多做尝试，不怕失败，在一次次的探讨中，潜移默化地培养学生思考和解决问题的能力，逐步将学生培养成为具有独立自主科研能力的合格研究者。他指导的多名博士在国内外知名大学继续从事学术研究，承担科技攻关和教书育人的关键任务。

桃李不言,下自成蹊。陈接胜在学生培养中言传身教,在科研中孜孜不倦、埋头苦干,他潜心向学的精神影响着一批又一批的学生。

## 科教融合,承托使命

以科研促教学,提升学生学习新知识的内在动力,以教学带科研,做好学生学习知识和创新思维的引路人。陈接胜坚持教学与科研融合发展,将科研成果和研究动态融入课程教学、专业引导中,用自己的学识、阅历、经验点燃学生的科研梦。

陈接胜聚焦催化在解决全球能源和环境问题中的重要性,基于无机合成与制备化学及固体材料化学方面的研究,揭示新型固体化合物或材料的微观结构,研究它们的化学物理性质,探索潜在的用途。他带领团队开发的系列化异质结催化材料在精细化学品绿色合成工艺及氢能源器件开发等领域的应用中取得了良好进展,培养出了一批优秀的毕业生。他迄今发表学术论文 400 余篇,被选为英国皇家化学会会士(FRSC),担任 *Journal of Materials Chemistry A*、*Materials Advances*、《高等学校化学学报》等学术期刊的顾问编委。同时,他还获得诸多学术奖励和荣誉,如国家杰出青年基金(1997 年)、教育部"长江学者"特聘教授(1999 年)、国家自然科学奖二等奖、教育部科学技术(自然科学)奖一等奖和上海市科学技术(自然科学)奖一等奖等奖项。这些成果的获得源于他以锲而不舍的精神引领学生在科研路上披荆斩棘,以大无畏精神鼓励学生直面科研路上的挫折与困难。

中学生"英才计划"旨在通过支持高校教师指导中学生开展科学研究项目,激发中学生对基础学科的兴趣,帮助他们把握科学本质、掌握科学思维、培养科学精神,促进国家科技创新后备人才的培养。陈接胜长期担任"英才计划"全国化学学科工作委员会委员和"英才计划"导师,2023 年是他担任"英才计划"导师的第十年。十年来,他培养了 40 余位高中英才,其中有近十名同学获评优秀学员,6 名学员进入国家队代表中国参加 ISFE 比赛。陈接胜认为,没有足够的探索未知世界的勇气和决心，是难以在科研的道路上发现未知事物的奥秘的。从事科研活动，要求科研人员具有严谨的工作态度，时刻保持着冷静的头脑。对于学员来说，严谨的学习态度，也有利于中学文化课程的学习。创新之路异常艰辛，有重大意义的创新并非一朝一夕可以实现。陈接胜尽心尽力培养"英才计划"学员，他希望通过一年的培养期，训练学员的科学素养，使他们提前体验大学生和研究生的日常科研生活，更主要的还是帮助学员尽早树立远大志向，提升科研兴趣，扩展科学视野，为把自己锻造成国家的栋梁之材打下基础。

作为一名科研育人理念的践行者，陈接胜为学生的学术生涯一路保驾护航，他曾获得上海交通大学首届"佳和"优秀导师奖。他还担任化学化工学院党委委员，多次出席学生党支部活动会议，将人才培养和国家发展紧密结合进行深入讨论，在基础研究、青年人才培养和国际合作方面给学生党员提供宝贵意见，他孜孜不倦，兢兢业业，为国家为社会培养了众多优秀的新时代人才。

# 房兵：甘做培养卓越学生的阶梯

## 【名师名片】

房兵，上海交通大学 2023 年"教书育人奖"二等奖获得者。上海交通大学口腔医学院二级教授，博士生导师。上海第二医科大学毕业，获博士学位。现任上海交通大学医学院附属第九人民医院口腔正畸科主任、中华口腔医学会口腔正畸专委会候任主任委员、英国爱丁堡皇家外科学院院士、美国口腔正畸专委会理事、世界正畸联盟理事等。曾获上海九院十佳教师、上海交大医学院杰出带教老师、贺利氏—古沙优秀教师奖、中国女医师协会五洲女子科技奖、上海最美女医师奖、上海市医树奖·临床医学科技创新奖一等奖、上海市科技进步奖一等奖、教育部科技进步奖二等奖等荣誉。

## 【名师名言】

- 先立德而后树人。
- 牙要，脸也要！做追求真善美的口腔医生！
- 做追求卓越的老师，才能培养追求卓越的学生。

2023 年是房兵老师从事医、教、研工作的第 29 个年头，同年教师节，房兵获得了上海交通大学"教书育人奖"二等奖。对于房兵老师来说，这是一个实至名归的荣誉。

## 立德铸魂，教书育人

房兵一直是一位爱岗敬业、热爱教学的老师，她主讲本科生必修课程"口腔颅颌面畸形"，开创本科生选修课"口腔医学美学"，并参与"口腔医学人文""口腔颌面外科进展"两门课程的教学。此外，她还开创了研究生和住院医师规培的口腔叙事医学教育；她参与交大医学院致远班研究生"口腔医学前沿"教学；新建并主讲研究生口腔正畸系列课程以及数字化隐形正畸学的慕课课程。每周三下午，房兵都会开展研究生实验室组会，总结并指导科研及临床教学；每周有五个半天门诊时间均坚持研究生带教与指导。房兵常说："先立德而后树人。"无论是在课堂还是在临床教学中，房兵认真严谨的态度、生动新颖的教学方式、轻松幽默的语言、关爱患者的仁心，都深深感染了学生们。学生们也想成为像房老师那样的好老师、好医生！

## 交叉融合，跨界创新

房兵老师常说："你们不能光盯着几颗牙齿，视野要宽阔。"因此，房兵一直注重用交叉融合的方式培养创新的跨界人才，将科研与创新实践相结合，提升学生的综合能力。依托上海交通大学工科强大的优势，上海市第九人民医院生物样本库和临床研究平台的优良资源，在学生的教育中实现医工交叉、医文交叉、临床转化研究的深度交融，对学生在口腔医学—生物力学、生物陶瓷材料、临床医疗仪器设备创新方面进行全方位的引导和培养。在房兵的悉心指导下，研究生们已获上海交大医工交叉青年研究项目的 5 项，也获得国家临床医学研究中心与中国科学院硅酸盐研究所的交叉基金 1 项，研究生作为主要发明人和参与人获得专利 10 余项。研究生作为编委参与人民卫生出版社出版的科普著作：口腔自我保健视频漫画丛书《正畸篇》，获得了国家奖学金 5 项。

## 注重国际学术交流和合作

　　房兵一直坚持"我们的优秀要展示出来!"。为了扩大中国口腔正畸的影响力、保持国际先进性,房兵致力于国内外教学与交流,受邀国内大会特邀发言50余次,国际大会特邀发言6次。举办国际会议9次,组织全国线上线下培训班17次,已有50余万人次口腔医师参与学习。组织成立九院口腔正畸专科联盟,联合33家国内口腔单位培训、交流与学习,积极为联盟单位提供教学与指导。房兵还担任英国爱丁堡皇家外科学院正畸专科考试中心主任(2015年,亚洲唯一),迄今为止已有47名(欧盟和中东国家)住院医师在九院中心接受正畸专科考试,并获得英联邦国家的专科医师行医资格证;主持并开展"一带一路"沿线国家口腔正畸临床文凭长学制培训(2年制),2018年至今已有25余人来自大陆以外的国家及地区参与了学习;担任英国爱丁堡皇家外科学院口腔正畸专科培训中心主任,并开设"上海九院口腔正畸临床培训文凭课程"(3+3年制),已有约50名来自中东、马来西亚的住院医师(2020年启动)参与课程学习。2023年3月,12名医生申请并通过了考试获上海交通大学医学院附属第九人民医院的口腔正畸临床文凭。房兵同时主编由人民卫生出版社出版的英文教材《英国爱丁堡皇家外科学院口腔正畸考试精品病例解析》,推动教学国际化。在专科化培训方面依托于上海交通大学医学院附属第九人民医院/口腔医学院强大的临床和研究平台,逐渐开始在"一带一路"沿线国家传递我们的口腔正畸学理念和教育。

## 心美、牙美、貌美

　　口腔与面部容貌息息相关,房兵在教学中总是跟学生强调美学素养的重要性,"牙要,脸也要!",不仅要治疗患者的牙齿,还要关注到患者的面部美观。因此,房兵十分强调口腔专业与美学教育相结合,提升学生美学素养,教导学生要成为"追求真善美的口腔医生"。在邱蔚六院士指导下,房兵新建并主讲本科生选修课"口腔医学美学",把真善美的思想融入专业美学教学中。此外,还通过进入社区为孤寡老人服务、到特殊学校为残障小朋友服务、通过到自闭症儿童学校为自闭症儿童服务等的社会实践,提升学生对社会美的理解;通过启发式的教育寻找临床问题以及艰苦不懈的求证实验,构建针对解决问题的基础研究方案,发表高质量的研究论文的过程,提升学生对科技美的理解,激发学生的创造力,为学生成为一名"真善美"的优秀医生打下扎实的基础。

## 做追求卓越的老师,培养追求卓越的学生

在学生眼中,房老师永远充满干劲、不断追求卓越。她常告诉年轻教师,"做追求卓越的老师,才能培养追求卓越的学生"。

房兵是主任医师、二级教授、博士生导师、正畸科主任,同时还有中国口腔医学会口腔正畸专委会候任主任委员、英国爱丁堡皇家外科学院院士、美国口腔正畸专委会理事、世界正畸联盟理事等学术任职。作为口腔正畸科主任和学科带头人,她建设了6个亚专业,成为全国亚专业最全的教学基地,并获得国家临床重点专科。在科研方面,目前已发表SCI论文70余篇,本专业顶刊论文4篇。主持国家自然科学基金面上项目4项、重点基金1项,科技部重大研发1项,授权专利37项,成果转化2项。获省部级及其他奖励7项。

迄今为止,房兵已培养口腔正畸研究生及博士后50人,其中已毕业硕士研究生31人、博士研究生8人。培养学生获国家奖学金3人,市级和校级优秀毕业生5人,亚太国际研究生论文奖3项,上海市微课奖3项,科普22项,专利10项,多名学生已晋升研究生导师。其中,自博士起加入房兵创新团队的刘璐现为上海交通大学医学院附属第九人民医院口腔正畸科住院医师。

目前房兵主持国家自然科学基金1项,以第一(含共同)作者在 *ACS Nano*、*Biomaterials*、*Acta Biomaterialia* 等期刊发表论文7篇,入选"2020年度上海市青年科技英才扬帆计划"、2021年中华口腔医学会口腔正畸专委会青年人才、上海市医学会医学美容学术年会临床青年医生医美科普竞赛优胜奖等荣誉,临床病例

入选2021年中国医学论坛报"星火计划口腔最佳临床实践"年度口腔病例;指导学生获得2019年上海交通大学优秀毕业生。

房兵常说:"为党的事业教书育人,传承交医教学理念,做追求卓越的老师,才能培养追求卓越、有仁爱之心、有家国情怀的研究型口腔医生。"

# 袁晓玲：为学生撑起一片天空，让每颗星星闪耀光芒

## 【名师名片】

袁晓玲，上海交通大学 2023 年"教书育人奖"二等奖获得者。上海交通大学护理学院副教授，学指委兼职辅导员。国家卫健委护士职业资格考试、高级卫生专业技术资格考试命题组专家，上海高水平地方高校创新协调团队成员。复旦大学毕业，海军医科大学获博士学位。袁晓玲秉持"教育，不是给予，而是唤醒和点亮"的育人理念，言传身教、身正为范，致力于培植"有灵魂、有温度"的卓越护理人才。主讲"护患沟通学""急救护理学"等 4 门课程，课程获市级重点课程、市级精品课程、市级教学成果奖二等奖，获校级教学成果奖一、二、三等奖。主编教材 1 部、参编 5 部。2022 年，获第二届全国高校教师教学创新大赛二等奖、上海市特等奖。

## 【名师名言】

■ 教育就是传递爱的力量。把爱倾注给学生，学生就会用爱去治愈患者。

■ 为学生撑起一片天空，唤醒和点亮每一颗星星，培养"有担当、有灵魂、有温度"的卓越护理人才。

■ 沟通能力是护理人员必备的核心职业能力，良好的沟通不仅可以温暖人心，更可以疗愈疾苦。

# 潜心育人，三尺讲台守初心

袁晓玲老师深耕教学一线十余年，始终以最饱满的热情站在讲台，主讲"护患沟通学""急救护理学""中医护理学""成人护理学""高级健康评估"等本科和研究生课程，授课时数近 100 学时/年，历年评教均为 A 档。袁晓玲认为，教无定法，贵在得法。幽默风趣又收放自如、旁征博引又融情会意的教学风格，使她成为最受欢迎的老师之一。

护理专业教育工作面临的一项重要挑战是入校学生专业思想不稳定。这是由于一部分调剂志愿学生对专业不了解，缺乏专业认同感，因而学习积极性不高。袁晓玲经常在课堂中引入优秀护理人事迹；实践环节亲自示教，把言教与身教结合起来；她还挖掘校友资源，组织"对话校友"分享经验，为学生成长筑梦导航。她的一言一行潜移默化影响着学生对专业的认知。一位 2017 级的学生在毕业时说，"希望以后也能像袁老师那样，成为一名专业又温暖的护士"。

袁晓玲重视总结教学经验，发表教学论文 9 篇，主编《护患沟通指导》，参编教材《PBL-情境-模拟综合案例护理教程》（教师用书/学生用书）、《临床护理实习问与答》、《护理礼仪与人际沟通》、《医学教学导论》等教材。其中，北京大学医学出版社"十三五"/"十四五"规划本科生教材《护理礼仪与人际沟通》已被全国多所高校选用为课程教材。

## 守正创新，躬行实践求真知

教育教学不仅要守正，更要不断创新。针对学生学习兴趣不高、习惯机械记忆等痛点问题，袁晓玲所在团队自编、自导、自演"成人护理学"情景式慕课，激发学生求知欲望，课堂上结合案例讨论-PBL-情景模拟，促进知识的巩固和内化，获得了良好的教学成效。袁晓玲撰写的案例获医学院 PBL 案例大赛英语组一等奖；课程配套慕课成为中国首门护理类慕课，吸引了全球 6 大洲 89 个国家的注册学员 16.1 万名。该教学方法也得到了全国多家媒体的报道和转载。

2012 年,袁晓玲开设"护患沟通学"课程,成为国内第一批开设相关课程的院系之一。袁晓玲在教学实践中发现学生"不自信、难应变和欠共情"的痛点问题。课程团队以学生发展为中心,重构情景任务型教学内容体系,创设设计思维驱动的问题导向学习法、探究学习结合情景教学,并构建多元课程评价体系。实证研究发现,创新举措显著提高了学生的沟通自我效能、共情能力和解决复杂临床问题的能力。该课程获医学院一流本科课程建设项目、上海交通大学在线课程建设项目、上海市高等教育学会规划研究课题。2022 年,基于课程的教学实践,袁晓玲获第二届全国高校教师教学创新大赛部属高校赛道中级组二等奖、上海市特等奖。教学团队受邀在中华护理学会全国高等护理教育研讨会护理学院(校)长论坛开展教学创新主题报告,受邀在护理国际学术会议上进行大会交流,受到同行一致好评。课程为医学类课程的教学创新提供了经验和思路。

## 严谨笃行,以研促学育桃李

袁晓玲的研究方向聚焦年轻女性肿瘤患者的生育力保存,是肿瘤学与生殖学交叉领域的一门新兴学科。她把握国际学术前沿,结合中国人口老龄化背景和建设包容性生育支持政策的重大国家发展战略,找准女性肿瘤患者弱势群体的生育需求,深度剖析当代中国年轻女性癌症患者的生育现况,构建肿瘤患者生育力风险预测模型,并探索促进肿瘤生殖的多学科合作路径。主持包括国家自然科学基金青年项目、上海市卫健委临床研究项目等多项课题,在国内外学术刊物发表论文 40 余篇。

袁晓玲鼓励学有余力的本科生早日接触科研。秉承交大求真务实的精神,袁晓玲会"手把手"从基础科研概念教起,一点一滴培养学生脚踏实地、严谨治学的科研品质。同时,她倡导自由的学术探索和思考,鼓励学生在课题研究中发挥想象力和创造力,每个学生的想法都受到尊重和支持。近 3 年,累计指导本科生大创项目 5 项,暑期社会实践项目 4 项,其中 1 项医学院重点项目。指导学生发表论文 16 篇,4 位学生获医学院和全国本科优秀毕业论文。

# 以心换心,亦师亦友引路人

作为兼职辅导员,袁晓玲利用"双重身份"的优势,为同学在生活、学习、生涯规划等各方面提供精准指导和帮助,成为学生可以交心的朋友,被大家亲切唤作"晓玲姐"。

学生最需要的地方总有她的身影,工作最困难的时候常有她的关心。在新冠疫情校园封闭管理期间,袁晓玲连夜逆行返校,成为住校志愿者,深入学生宿舍,与同学们同吃住,为学生上门核酸检测,用温暖的力量驱散大家的紧张与不安。

袁晓玲所带班级贫困生占比近 40%。她倾力为贫困学生提供精准资助,力求做到"一个都不能少"。2023 年寒假前,袁晓玲发现班中 A 同学整天魂不守舍,通过寝室走访和谈话,了解到其家庭因疫情发生变故,无力负担返乡路费,但学生不愿向他人开口求助。袁晓玲第一时间向学生伸出援手,为其购买返乡车票,耐心解释学校的资助政策和保密制度。此外,向学生提供了自己课题组的助研岗位,帮助他后续安心完成学业。袁晓玲以敏锐的觉察力,关注学生的身心需求,从细微着手,顾及学生自尊,用平凡善举托起困难学子"求学梦",让学生感受到学校和社会的温暖,激励其为努力前行,追求人生目标。

师者如光,微以致远。袁晓玲潜心护理教学十三载,牢记"博极医源、精勤不倦"的医学院院训,激励并引导一代又一代交医护理学子,成为"有担当、有灵魂、有温度"的卓越护理人才。

# 钱峰：扎根药理创新药，潜心教学育新人

## 【名师名片】

钱峰，上海交通大学 2023 年"教书育人奖"二等奖获得者。上海交通大学药学院科研副院长、上海市药物靶标发现及递送前沿科学研究基地副主任、教授。2006 年在南京大学生命科学院获得博士学位，2006 年至 2011 年，在美国伊利诺伊大学药理学系从事博士后研究工作，并于 2011 年 3 月晋升为研究助理教授，2013 年回国入职交大药学院。主要研究方向为免疫药理学、分子药理学和抗体工程，以通讯作者在 *Nature Microbiology*，*Nature Communications*，*Journal of Experimental Medicine* 等高水平期刊发表研究论文 40 多篇，主持国家级科研项目 9 项，获授权专利 7 项。获评学校首届"著政学者"导师；荣获校烛光奖、校优秀共产党员、校"凯原"十佳教师等荣誉。

## 【名师名言】

■ 培养学生的科研热情，关心学生的日常生活，提升学生的科研能力。带领学生"苦中作乐"，让学生体会科研突破的获得感，推动学生"青出于蓝"。

■ 从学生的角度出发"换位思考"，理解学生真正需求，培养学生的理想信念和道德情操，引导每一位学生成为求真务实、立志有恒的有为青年，肩负起建设祖国的重任。

■ 用科学史实建立学生对中国药学专业领域的民族自豪感和自信心，用深入浅出的授课方式让学生体会到所学专业的实用性和伟大性，增强学生专业自信，点燃学生科研热情。

钱峰,上海交通大学药学院科研副院长,上海市药物靶标发现及递送前沿科学研究基地副主任、教授。自 2013 年 2 月入职交大药学院以来,十年间,他先后荣获校烛光奖、校优秀共产党员、校"凯原"十佳教师等荣誉,是学校首届"菁政学者"导师。十年交大,他倾心育人,是信奉"青出于蓝"的好导师;十年从教,他专注课堂,是遵循"课比天大"的好老师;十年钻研,他扎根药理,是致力"新药研发"的好专家。

钱峰认为,育人是一名教师的首要职责。他坚守教师初心,坚持教书育人和言传身教相结合,发掘每一位学生身上的闪光点,激发学生的内生动力,培养学生为国奉献和为人民服务的精神。他说:"千教万教,教人求真",他言传身教,倾心育人,希望学生们"青出于蓝而胜于蓝"。

## 倾心育人,信奉"青出于蓝"

育人是一名导师的首要职责。钱峰切实履行研究生立德树人第一责任人的使命,始终践行"育人为本""育人神圣"的理念。虽然,科学研究是一个艰苦探索的过程;但是,钱峰非常注重对学生科研热情的培养、科研能力的训练和日常生活的关心,带领学生"苦中作乐",推动学生"青出于蓝"。

提升研究生的科研能力,让学生体会科研突破的获得感,是钱峰一直以来的追求。研究生需要全面且深入地掌握专业知识,具备严谨周密的逻辑思维习惯,具备应用先进科学技术解决科研难题的能力。钱峰除每周开 1 次研究组会和 1 次文献汇报,每周还设置"科研沙龙"时段,在舒缓放松的氛围中,讨论试验结果,共同解决面对的科研难题。在这种环境下,学生的独立科研能力和自主学习能力都得到极大提升。

关爱研究生的日常生活,帮助学生走好人生路是钱峰的为师之道。当学生家庭遭受重大变故时,钱峰一直关注学生的学业发展,提供一切勤工助学的机会,并进行个人资助,保障学生顺利完成学业。当学生遭受身体意外疾病时,钱峰时刻关注学生病情进展,及时给予经济资助和精神援助,帮助学生走出低谷。钱峰设身处地地为学生着想的品质,促成了温馨和谐的研究集体,他也成为许多学生在交大学习和生活的精神支柱和人生道路的良师益友。

在教授知识的同时,钱峰还注重培养学生的理想信念和道德情操,引导每一位学生成为求真务实、立志有恒的有为青年,使他们在学习和科研中懂得做人的道理和方法,体会学习和科研的乐趣,肩负起建设祖国的重任,成长为国家急需的栋梁之材。

## 专注课堂,遵循"课比天大"

师者,传道授业解惑也。在交大十年的教学生涯中,钱峰不断更新教育理念、改进教学手段。他善于"换位思考",从学生的角度出发,理解学生的真正需求,着力提高学生的思想道德水准、吸收知识能力和独立思考习惯。他对初入专业领域的本科生和具有专业基础的研究生"因材施教",培养了一批又一批独立自主、求知创新的优秀学生。

增强学生专业自信,点燃学生科研热情。钱峰身体力行、言传身教,用扎实的专业学识和丰富的科研阅历点燃学生的科研热情。钱峰不仅邀请知名科学家与学生畅谈科研人生,而且带领学生去创新企业了解新药研发过程,用实例增强学生的专业自信,让学生明白,当他们走出校园,可以为国家和社会做很多事情。例如,在教授口腔微环境的基础免疫知识后,钱峰会强调良好口腔卫生可以增强免疫能力,潜移默化地引导学生去网上查找牙线、电动牙刷和智齿牙刷的使用方法和保护口腔的原理,他还在课堂上向学生展示正确使用牙线等卫生用具的方法,注重个人形象的新一代年轻人对此都表现出非常高的积极性。在讲授如何通过合理运动增强免疫系统的抵抗能力时,钱峰会利用身边实例讲授运动量与上呼吸道感染发病率呈"J"形曲线,在持续运动20~90分钟后,每十秒的脉搏数在20—25之间,免疫系统将会得到更为有效的训练。学生评价道:"老师的教学全程充满了人文关怀。老师从基因这个很'小'的东西延伸到了整个生命系统的视角,很多时候跟着老师的思路会觉得自己的视野不再局限于个人,而是扩展到了整个人类视角,但不会因此产生一种俯瞰的姿态、自傲的心理,而是从最本质的角度去尊重、敬畏自然——这也是老师一直和我们强调的话题。老师是那种很热爱生活的人,课间的时候带着我们做放松运动,真的很感动。能够选到老师的课真的很幸运,发自内心地感谢老师。"

增强学生文化自信,鼓励学生研究中国药。钱峰是本科生通识课程"基因与健康"的主讲教师,同时也讲授研究生"高等药理学""免疫药理学"、本科生"药理学""微生物与免疫学""药学前沿"等多门课程。在课堂上,钱峰极善利用中华上下五千年的优秀历史文化激发和调动学生的积极性和主动性,让学生沉浸在课堂教学中。在向学生介绍传染病预防历史时,他讲授中国人是世界上最早应用疫苗预防传染性疾病的国家,早在东汉时期就懂得用"痘痂衣"预防天花。在清康熙年间,西方人来到中国学习"人痘"接种方法,并把该项技术带回欧洲,预防天花流行。1958年,在抵抗脊髓灰质炎的传播中,中国科学家顾方舟团队克服重重困难,仅用两年的时间,研发出了闻名世界的脊髓灰糖丸。钱峰利用科学史实建立了学生对中国专业领域的民族自豪感和自信心,用深入浅出的授课方式让学生体会到了所学专业的实用性和伟大性,获得了学生们的一致好评:"非常喜欢!整个课程内容非常有趣且充实,就算生物基础不好也会听得很明白。课程中涉及很多前沿的话题,学到了很多货真价实的知识!很感谢老师给我带来了如此有趣且有价值的课堂!"

## 扎根药理,致力"新药研发"

呼吸系统疾病是严重威胁人类健康的重大疾病,哮喘、肺纤维化、慢性阻塞性肺病都是重大慢性难治性疾病。钱峰在免疫药理学研究领域长期聚焦炎症性呼吸系统疾病,探索肺巨噬细胞识别体内外致病因子的分子机制,阐明肺巨噬细胞通过调控肺组织炎症微环境调控呼吸性疾病的病理机制,助力新型药物靶标发现和创新药物发现。钱峰连续主持国家自然科学基金项目6项,获得授权专利7项,主持3个校企联合实验室,研究经费达到2 200万。

钱峰严谨治学,勇于探索,系统深入开展创新性研究,鉴定新型药物靶标,取得一系列重要研究成果。耐甲氧西林金黄色葡萄球菌(MRSA)感染是医院及社区感染的主要病原菌,具有较强的致病力和广谱的耐药性,导致临床感染病死率高,治疗困难。他带领团队不仅发现和鉴定了胞内感染 MRSA 毒力因子 HlgB 的受体,而且详细解析 HlgB 介导的分子机制,为治疗细菌性肺炎提供药物新靶标。该研究内容发表在 *Nature Microbiology*(2023,通讯作者)。近 3 年,钱峰以通讯作者在 *Nature Microbiology*、*Nature Communications*、*J Exp Med* 等高水平期刊上发表研究论文 40 余篇,获得授权专利 7 项,研究成果有助于治疗肺部感染性疾病和致死性多器官衰竭患者。

作为药学院科研副院长,钱峰积极组织并成功申报创新免疫治疗全国重点实验室、上海市药物靶标发现及递送前沿科学研究基地等重要平台,从海外引进一批充满活力、自信自强、锐意进取、富有创新意识的药学精英,助力多名青年才俊获得海外优青、青拔、上海市东方学者等人才资助项目。近年来,药学院授权专利达百余项,在 *Nat Microbiol*,*PNAS*,*Immunity*,*Sci Adv*,*Nat Comm*,*J Exp Med* 等国际知名期刊发表数百篇有影响的学术论文,多项成果实现转让,促进药学院科学研究跃上新台阶。

# 杜燕：潜心半亩方塘，耕耘三尺讲台

## 【名师名片】

杜燕，上海交通大学 2023 年"教书育人奖"二等奖获得者。上海交通大学外国语学院法俄语系副教授，教师发展中心副主任。首批国家级一流本科课程"法国语言文化入门"负责人。主持课程"法语二外"获上海市一流课程、上海市重点课程、上海高校优质混合式在线课程示范案例。曾获首届全国高校混合式教学设计创新大赛三等奖、全国高校教师教学创新大赛——第六届外语微课大赛上海市二等奖、上海交通大学首届"佳和"优秀教学奖、上海交通大学第九届卓越教学奖、上海交通大学首届教师教学创新大赛二等奖、上海交通大学卓越副教授奖励计划、上海交通大学教学成果奖二等奖、烛光奖二等奖、优秀教师奖等荣誉。

## 【名师名言】

■ 只有热爱，才有奉献。我爱三尺讲台，更爱讲台下学生一双双求知若渴的眼睛，只有热爱，才能转化成源源不断的教学动力。

■ 我希望通过我的课程，让学生能够终身保持对语言的热爱和理解，对文化进行持续不断的有益思考和探索，对美和正确价值观不懈追求。

# 教学工作：潜心三尺讲台

作为一名教学为主型教师，教书育人是杜燕老师最本职的工作。半亩方塘，三尺讲台。二十年来，在这片讲台上，她对课堂教学永远充满热忱，对教学研究一直饱含热爱。刚入职交大时，作为闵行校区唯一的法语教师，她的选修课场场爆满，为了满足学生的需求，她长期周课时量超过 16 节，工作量饱满。杜燕始终认为，作为一线教师，多上课能够帮助积累教学经验，更重要的是，如何上好课，让学生学有所得。杜燕希望，她的教学，能够让学生体会语言之"趣"、文化之"美"，终身保有对语言研究和文化研究的热忱。因此，她以学生为中心，在每节课前，从教学目标出发，精心备课和设计教学环节；每次课前根据最新国内外社会新闻和时事热点，补充更新课件，力求拓展学生的国际视野，培养学生的家国情怀；每次课后，她会对内容进行复盘和反思，找出不足和待改进的部分，力图下一次能做得更好。因此，杜燕的评教一直名列学院和学校前茅，"法语二外"课程得分曾位列全校第一位；7 次评教位列全校前十五位。

杜燕不仅教授语言，更喜欢通过文化讲解，以文化人、以文育人。刚入职时，她被当时的学生亲切地唤作"杜姐姐"。教学理念上，她以学生为中心，以文化为核心，将语言和文化紧密结合。通过教学创新，让学生终身保持对语言热爱和理解，对文化进行有益的思考和探索，对美和正确价值观不懈追求。在教学方法上，她通过情境式教学法和体验式教学法，通过真实生活交际、实物体验情境、音乐任务情境、表演体会情境，提高学生法语书面和口头表达能力，培养创新思维，提升对人文的理解和鉴赏能力；在新的信息技术时代，杜燕通过现代教学工具，依托信息技术平台，将线上线下教学相结合，通过任务打卡、闯关游戏、互动展示、即时反馈技术，让学生在"做"中"学"、"趣"中"学"。因此，她的"法语二外"课程也受到主流媒体报道，在 2022 年 3 月登上《新民晚报》，展现了交大在融合式教学改革的探索。

近几年，随着教育信息化和数字化的发展，杜燕在慕课建设、数字化平台建设、混合式教学研究方面一直在不停探索，不断改革创新。她的第一门慕课，也是首批国家一流本科课程"法国语言文化入门"在建课运行之初,就承担了大量社会服务功能,这门慕课迄今上线十轮,选课学生逾十万,十所高校引入作为SPOC 课程,充分展现了上海交通大学的教学影响力。同时,杜燕还通过课程的社群倡导终身学习的理念,即使在疫情期间,也通过慕课开展内容丰富、形式有趣的活动,拉近与学生的距离,让学生在学习中具有充分的获得感,体会中法语言之趣、中法文化之美。

杜燕始终希望通过教学创新,把适合大众的慕课和自己的线下小班相结合,进行混合式教学,并且对教学方法、教学理念、教学模式不断优化,进一步提升教学效果,让课堂永远生动,让学生永远主动。通过教学改革,杜燕近年的教务处课程评教基本保持了 A0 和 A1(近三年 5 门 A0,八门 A1),专家评价优秀。融合了教师、学生和同行专家多方评议的 MATE 多元有效性评估结果显示,杜燕的课程在学院各个维度名列前茅。同时,近几年来,杜燕不断将课程思政元素融入教学,主讲的"法语二外"课程获评上海市一流课程、上海市重点课程、上海市优质混合式在线课程示范案例、校级课程思政示范课程。杜燕也先后获得了首届全国高校混合式教学设计创新大赛三等奖、全国高校教师教学创新大赛——第六届外语微课大赛上海市二等奖、上海交通大学首届教师教学创新大赛二等奖、上海交通大学首届"佳和"优秀教学奖、上海交通大学第九届卓越教学奖、上海交通大学卓越奖励计划(教学系列)等荣誉,她以文化为中心的混合式教学模式也获得了上海交通大学教学成果奖二等奖。但是,对杜燕来说,最有获得感的,不是这些荣誉和获奖,而是课堂上学生充满创造力的即时反馈,课后同学们提交的充满想象力的作业,反映了每一位同学一点一滴的进步,展现了学生通过课程学习获得的创新能力和人文素养,以及国际视野和家国情怀。

## 育人工作: 润物细无声

杜燕在担任 F1614201 班主任期间,关爱学生,深受学生喜爱,2020 年获得了上海交通大学优秀班主任称号。作为班主任,杜燕认为,充分和班委沟通,营造班级的良好气氛是最为重要的。杜燕和班长充分商量,为即将入伍的学生杜志强举行欢送会,场面温馨。这个班级毕业恰逢 2020 年春季的线上学习期间,杜燕通过多次线上班会与电话联系,和每个学生深入交流,对他们的毕业去向、未来选择给予建议和参考。临近毕业,由于疫情原因,班上五位同学无法返校,是杜燕在七月初的毕业季,在西 20 的女生宿舍驻守了几天,和符现同学一起,帮四位女生将四年所有的生活学习用品通过视频确认打包并在学院学工和班长的帮助下,将十几件箱子运下三楼,进行邮寄。杜燕充分明白和理解,学生的每一件物品都饱含了大学四年的美好回忆。因此,杜燕全程亲力亲为,在楼层杂物间,卫生间储物柜,宿舍帮同学收拾归拢杂物,大到电脑、衣服、被褥、书本,小到一张证书,一个鼠标接收器,一张加餐券,一枚卡片,杜燕把所有学生希望保留的每一件物品和每一份回忆一一寻找、确认、核对、包装,安全寄到同学手上,十几箱物品无一件遗漏和丢失。

学生毕业后,身为曾经的本科班主任,杜燕也会竭尽所能帮助他们和用人单位沟通,多次参与用人单位学生求职面谈和调研。看到所带班级学生慢慢成熟长大,在世界各地及不同的岗位上发光发热,对班主任来说是最大的欣喜。

在交大工作将近二十载,杜燕培养了大批的学生,他们中有的选择投身国际组织,有的在科研道路上不断前行,有的曾经担任交大法国校友会会长,至今还不断为交大建设和中法交流奔走;近年来,学生以慕课对话为素材,参加"外教社杯"上海市高校跨文化能力大赛获得二等奖;不少毕业学生一直会在世界各地通过自己的经历和见闻照片,和杜燕交流,不断充实杜燕的教学案例库。每次收到学生的信件、明信片,看到学生的成长,杜燕都深感欣慰。已毕业的学生评价杜燕,"在我看来,杜燕老师不仅教授了我们法语,更培养了我们的世界观。她的人格魅力也将一直鼓舞我在语言学习的道路上继续前行。"

## 教学示范工作:培育未来人才

近几年,杜燕担任学校本科教学督导、教学发展中心外语学院分中心主任、学院教师发展中心副主任,投身于青年教师的教学发展,用自己的教学经验帮助青年教师上好每一节课。她是 2020 年和 2022 年两次大规模线上教学期间,大教务组织的首批向全校进行教学示范的教师;她为来自全校各个院系的几十位新教师担任微格教学、faculty 培训的辅训和磨课工作;她通过学校的教学评估和督导工作,向青年教师提供诚挚的建议,变督为导;她共同组织外语学院青教赛和磨课工作,助力 2022 年度外语学院教师在青教赛校赛中取得了史上最好成绩;她是"外教社杯"教学大赛获奖同学的指导老师;她多次在教指委、高教社组织的全国教学会议上作混合式教学示范和混合式教学创新的主旨报告,传播了交大外语的影响力;作为唯一的人文学科教师,她还和其他学院督导一起致力于交大青年教师教学能力发展的课题研究。杜燕始终认为,"教书育人,提升教学能力,培育未来人才,是我们教师应该做的。"

# 单世联：以文化人，为"美好生活"提供文化学术的给养

## 【名师名片】

单世联，上海交通大学 2023 年"教书育人奖"二等奖获得者。上海交通大学媒体与传播学院特聘教授。曾任广东省社会科学院文化产业研究中心主任，上海交大人文学院副院长、媒体与传播学院党委书记。兼任中国文化产业管理专业委员会副会长。重点研究文艺——文化理论、文化思想史与文化产业实践，承担国家社会科学基金重大课题 2 项，两次获教育部高等学校科学研究优秀成果奖，两次获"上海市哲学社会科学优秀成果奖"，2018 年获中国艺术学理论学会、中国文化产业管理专业委员会颁发的"中国文化产业 20 年学术贡献奖"。

## 【名师名言】

■ 真诚地关心学生、爱护学生已不容易，但更困难的是在关心、爱护的同时严格地要求学生。

■ 学高为师，身正为范。这是一个理想境界，教师生涯也是自我成长和完善的过程。

■ 近 20 年来，"文化"在社会生活中的地位日益提高。这是我们的幸运，也坚定了我们肩上的责任：为了建设美好生活，我们必须保持对物质主义、消费主义和功利主义的警觉并将之贯穿到教学之中。

2009 年,怀着对高等教育和在中国开展"文化研究"教学的满腔热情,单世联从广东调入我校进入教师行列。岁月如歌,天道酬勤。2023 年金色的秋天,单世联荣获上海交通大学"教书育人奖"二等奖,文化产业管理系的师生都感到由衷的喜悦。对单世联而言,这一荣誉实至名归,是对他辛勤工作和教学成绩的肯定。

## 坚持"立德树人""敬教劝学"的根本宗旨

文化产业是朝阳产业,文化产业管理是新兴学科。在中国乃至世界,文化产业从来不只是一个产业,家国传统、意识形态、社会效益等,始终是发展文化产业、建设文化产业管理学科所必须坚持的。单世联对此有高度的自觉。十多年来,他始终坚持"立德树人"的教育方针,对习近平新时代中国特色社会主义思想有比较深入的研究,也注意从孔子《论语》、韩愈《师说》等中国优秀师德传统中汲取资源。把文化产业管理的教学理解为以文化人、以情动人的具体方式,在内容上坚持知识体系、理论结构、历史意识与理想信念、家国情怀、品性修养的内在统一;在方法上注重激活文本、尊重差异、启发反思、着意感染、强调修辞,克服了思政内容与专业知识"两张皮"的现象。

在全国二百多个文化管理类专业中,单世联是唯一一位连续 13 年讲授马克思主义文化理论的教师。历经多年建设和完善,这门课以"马恩奠基""列宁主义""中国发展""西马锋芒"四大板块的丰富内容,完整呈现了"从马克思到习近平"的马克思主义文化理论。本课程在内容上把马克思主义理论与文化史、文化实践相结合,在方法上注重理论思维和批判性反思的训练,深受学生欢迎,为马克思主义文化理论的中国化、时代化和大众化作出了贡献。

## 追求"学高为师,身正为范"的卓越

单世联始终以"教学"为中心设计自己的阅读范围和研究课题,学而不厌,著述不辍。他在全国率先进行系统的文化理论研究,完成《现代性与文化工业》、《中国现代性与德意志文化》（三卷）、《黑暗时刻：希特勒、大屠杀与纳粹文化》（两卷）、《文化大转型：批判与解释——西方文化产业理论研究》（三卷）、《文化产业社会效益研究》等长篇著述。其中《文化大转型》豆瓣评分9.7；《中国现代性与德意志文化》豆瓣评分8.5；《黑暗时刻》豆瓣评分8.1；其文被选入《梦想与路径：1911—2011百年文萃》（选编康有为、梁启超、严复、王国维、鲁迅、胡适等百年中国200位作者的256篇文章）等经典选本。近5年来，出版六种著述或译著、发表论文或评论近50篇，承担国家级重大项目2个、重点项目1个。单世联是全国同行中理论成果最多的一位。2018年，在中国艺术学理论学会、中国文化产业管理专业委员会组织评选的"中国文化产业20年学术贡献奖"中，单世联榜上有名。

从中国文化的标准来看，"学高"须与"身正"相配合，方为合格的教师。单世联以"教师"为中心构建自我意识和行为规范，言传身教，诲人不倦。一是承担教师责任。他把一半以上的工作时间用于学习新知、充实教案和指导学生，每年讲授一门本科生课程，超额完成教学工作量。同一课程每次讲授都有新内容，教案不断更新，教学内容饱满充实。在本科生课程"西方现代文化思想潮概论"、硕士研究生课程"文化研究新论"、博士研究生课程"西方现代文化理论"等课程教学班上，几乎每次都有外专业、外院的同学参加，本专业的不少研究生也常来重复听课。单世联每次上课讲授时间不少于三分之二，余下时间用于课后交流，因此在他的办公室里，经常坐着前来讨论的学生。二是维护教师尊严。单世联一直认为，关心、爱护学生，只是教师职责的基础和前提，更重要的是坚持理智的诚实和学术的规范并以之严格要求学生，努力使学生认识到学习的"困难"，并把克服"困难"作为成长的必要环节。在他的课件中，每节课都有参考文献和思考题目；在他的课堂上，吃东西、看手机等行为是被明确禁止的；他也从不为"评教"而简单迎合学生。三是实现教师价值。单世联为身为文科教师而自豪，坚信文化类教学要先"立乎其大"，以文化价值规范身心行为，践行非功利主义、物质主义和消费主义的人文精神。他始终与学生保持纯粹的师生关系，平等交流是他的一贯作风，关爱学生是他的日常事务。

# 志在"好老师"

因为是新学科,文管专业的同学,特别是本科生,对本专业的现状与前景有时会有迷茫之感。深切感受到这一点后,单世联在如何唤醒同学们的专业热情和激活同学们的学习兴趣上下了很大功夫。

在中国文化传统中,"名"与"好"并不完全等同。前者意味着"荣誉"和"头衔",后者要求的是"品质"和"内涵"。单世联常以佛教中"名僧"与"高僧"的区别来表明自己的追求:做一名"好教师"。

"好教师"首重淡泊宁静,积学储宝,有"好东西"可教。单世联主要承担本专业理论类课程教学。为此,他编选了《马克思主义文化理论读本》《中国现代文化理论读本》《西方现代文化理论读本》三种教学参考资料,每一种均包括六十篇左右的经典文章,每一篇再分为"导入""文本""链接""评议""思考问题""参考文献"六大块,每一读本篇幅均超过一百五十万字。这些丰富的文献、材料成为他讲好理论课程的必要前提。博士生课程"西方现代文化理论"的理论性、历史性很强,但同学竞相选课,多有不能选上而遗憾的同学。

有"好东西"还要"讲得好"。上好文化课的关键是知识之中要有价值,理论之中要有激情,体系之中要有细节,总之要有一种感动人的力量。有学生反映:"上课过程非常好,老师认真尽责,每节课也在以不同的文化角度进行文化研究教学";"单老师的课程深入浅出,理论性很强,给学生的启发很大"。

单世联于2016年获上海市育才奖;2021年获"知行杯"上海市大学生社会实践大赛"优秀指导教师"荣誉;2022年主讲的本科生课程"西方现代文化思潮概论"、研究生课程"文化研究新论"分别获学校"校级一流课程"和"双一流研究生优质课程"立项。奖励的背后,是单世联的教学实效。他所指导的多名学生获得"研究生国家奖学金",本专业的毕业生已成为中国文化产业的建设者和生力军。2023年,有两名硕士研究生被国家外交部录用。

# 守护"小而美",聚焦"新文科",推进文管学科建设

20世纪下半叶以后,全球范围内普遍出现了"文化转向"。在发达国家和地区,这是由"工业社会"转向"后工业社会"、"生产社会"转向"后工业社会"的表现;在发展中国家和地区,这与寻找自己的发展方式、维护国家及地方文化传统、参与全球文化竞争有关。在文化成为国家战略、文化产业成为新兴产业的背景下,文化—文化产业类学科建设与课程设置成为人文社会科学与高等教育的一个重大课题。目前,中国已有200个以上的文化管理类专业或课程。但相对于文史哲等传统学科,相对于中国文化产业迅猛发展的态势,文化产业管理专业的学科建设仍明显滞后。

自2013年以来,单世联担任文化产业管理系系主任。如何服务国家战略和产业实践建设这门新学科,是他念念在兹的问题。经过反复探索和广泛交流,单世联与本专业同事们一起,在学校和学院的正确领导和大力支持下,不图大而强,但求小而美,吸收全球"新文科"建设经验,基本构建了文化史论、国家政策、管理实践与数字内容"四位一体"的人才培养体系和教学、科研、论坛、集刊"四位一体"的学科建设体系。在他和本专业老师的共同努力下,上海交通大学文化产业管理专业以重视基础理论、强化价值引领、实践文理交叉、融合数字技术的"交大特色"而享誉全国。2021年本专业入选国家一流专业。2021、2022、2023年连续三年在软科中国大学专业排名中全国第一,这在交大文科专业是唯一的。

作为中国文化产业管理专业委员会副会长,单世联通过组织论坛、研讨会,外出讲学,编著教材,主编期刊《中国文化管理研究》(已出3卷)与《中国文化产业评论》(CSSCI,已出33卷)等方式,为国家文管人才培养和文化强国建设作了重要贡献。他组织成立了"上海交通大学—莫纳什大学全球文化管理研究中心",并以中心的名义承办了"全球文化管理学术研讨会"。他主持上海交大—蒙纳士大学联合举办的研究生教育创新项目"文化经济国际暑假学校"(6届),在五大洲的近200名研究生中有效地传播了中国文化,展示了上海交通大学文科

建设的实绩,受到学校奖励。

何处是归程,长亭更短亭。祝愿单世联老师在获得学校"教书育人奖"二等奖之后依然保持旺盛的教学热情,以更丰富的教学成果参与美好生活建设,做大时代的好老师。

# 萧冰：明德尚善传艺业，春风化雨育桃李

## 【名师名片】

　　萧冰，上海交通大学2023年"教书育人奖"二等奖获得者。上海交通大学设计学院设计系副教授，中国设计师协会会员、中国新闻史学会计算传播学研究委员会会员、上海市美术家协会会员。主讲课程"广告的力量"获评上海市一流课程、上海市重点课程。设计作品入选北京冬奥会海报设计、"进博会"宣传设计、"花博会"交互设计设计，主持第18届威尼斯建筑双年展中国国家馆视觉形象设计，参与上海世博会中国馆、主题馆主题演绎策划，获得联合国环境规划署颁发大赛三等奖等国内外奖项20余项。主持MIT宁波供应链创新学院品牌形象设计等数十项。

## 【名师名言】

　　■ 设计不仅仅是视觉的呈现，更要从受众的需求与心理出发，传达情感和体验。

　　■ 广告并不是文化海洋中的商业孤岛，而是流行文化荟萃的舞台，学生可以通过对广告的学习，研究提高剖析国内外广告中所折射的文化、宗教、政治观念的能力。

　　■ 教育是一门艺术，它需要唤起和鼓舞学生的内在潜能，让他们先了解，再培养兴趣，最终达到热爱学习的境地。

　　萧冰是设计学院设计系副教授,中国设计师协会会员,上海市美术家协会会员。在上海交通大学辛勤耕耘的 17 年里,他秉承着"立德树人有道,春风化雨无声"的育人理念,坚持"理论结合实践,科学结合艺术"的教学与研究方法,在设计领域屡创佳绩,以身为范带动学生不断追求卓越。

## 跨学科交叉,建构广告教学新模式

　　广告学是一门交叉学科,一般高校的传媒学院与美术学院均会开设广告课程,分别侧重广告传播理论与广告设计实践,难以融会贯通。萧冰具有设计艺术学与传播学的跨学科学习与教学经历,他联合设计学院与媒体与传播学院 4 位专业教师,打造出一个跨学科交叉的优秀广告教学团队。在萧冰的主持下,建设了通识核心课程"广告的力量",并经过 9 年的不懈努力将该课程建设成为上海市一流本科课程(2022 年交大唯一在线优质课程)、上海市重点课程(2019)、课程思政领航试点学院示范课程(2021)、上海交通大学本科一流课程(2022)、通识核心优质 B 类课程(2020)、在线精品课程(2018)等。

　　广告并不只是商业的前沿阵地,还可以是美育的平台,是德育的基地。萧冰通过广告课程提升学生的审美解读与批判性分析能力,让学生充分认识广告的本质,提高学生剖析于国内外广告中所折射的文化、宗教、政治观念的能力,领略隐含于广告之中的多元文化背景下的社会万象。同时课程还非常注重对学生的价值引领,通过对商业广告中所蕴含的爱与坚持、敬业精神等的品读,以及对优秀公益广告的评析,帮助学生塑造正确的世界观、价值观、人生观,树立家国情怀。

　　"广告的力量"在线课程在中国大学 MOOC 平台开课仅 4 次,选课学生就达到 17 400 余人,课程评教 4.7 分(与同平台国家精品广告课程评分相等)。此外,通过超星学习平台,浙江传媒学院、大连工业大学、新疆工程学院、西安航空学院等 214 个院校使用了本课程,开课班级 436 个,选课学生 7 332 人。有社会学者评价本课程:"本次课程中我的收益是颇丰的,首先通过萧老师的课程讲义,我了解并明确了许多专业性的定义和规则,如 USP/5W1H/产品生命周期理论等实际有用的知识；其次通过课程中分享的广告案例，再次感受了一则好的广告所散发出来的魅力和传播力，并见识、学习、扩展了许多新的创意思路，非常感谢萧老师的分享，希望有幸还能做萧老师其他课程的学生！""课程知识点安排得很有条理，授课的过程中通过针对性强的案例使知识点能更好地被理解。我是一名摄影师，也是非科班出身。但是很感谢咱们的平台，让我们有机会得以学习到大学的知识。谢谢！"其他高校的学生这样评价本课程："很棒的教学，感受到了广告的力量"，"老师讲的真的很棒，案例运用和课堂形式都很新颖，很能抓住眼球"。

在本校教学中，"广告的力量""广告设计"等课程通过线上线下混合的方式开展教学，将主要的理论学习时间放到线上课堂，线下课堂仅对重要理论提纲挈领讲解，而节约出大量课堂教学时间用于师生以及学生之间的互动，指导学生进行广告创作。学生们评价说："老师和课程内容都好有意思，以后能用一种全新的视角来看广告了"，"老师上课会举很多例子帮助我们理解理论。还会教我们使用 PS，通过参加大广赛帮助我们学习与提升，很喜欢！"

同时教学团队坚持以赛促学、以赛促教，让同学们与全国大学生同平台竞技，增强学习的动力与获得感，收到良好的教学效果。仅 3 年来团队指导学生获得诸如北京冬奥会、红点奖、"互联网+"大赛、大学生网络文化节、全国大学生广告艺术大赛等国际/国家级重要赛事及其他省级以上奖项过百项，其中萧冰指导学生获奖达 70 余项，而这门课程也是交大文科在教育部教学评估认可的 A 类赛事中获奖最多的一门课程。

## 专业追求卓越，助力国家重大活动

作为一位设计专业的教师，丰富的设计实践经验是指导学生学习的不可或缺的前提条件。

萧冰在设计实践上不断追求突破，参与了多项国内重大活动的策划、设计工作，包括 2022 北京冬奥会、2010 上海世博会、2018/2019/2020 上海进博会、2020 上海花博会、2023 威尼斯国际建筑双年展中国国家馆、2008 上海国际艺术节等，曾获得联合国环境规划署、北京奥委会、教育部、文化部、上海市精神文明办、上海市教委等颁发的诸多奖项。同时萧冰在国际国内赛事中也屡获大奖,获得包括全国美术作品展览(5 年一届)、ZGRAF 国际图形设计与视觉传达展(3 年一届)、北美应用艺术设计大赛、国际环保公益设计大赛、墨西哥国际海报展、香港当代设计奖、中国国际包装创意大赛、中国广告节等专业大赛/展览的金银铜奖等 30 余项,多件作品被《亚太设计年鉴》《中国设计年鉴》收录。

在交大校园里,也处处可以看到萧冰的设计作品。上海交通大学文博中心、新加坡研究生院、上海交大—南加大文创学院、外国语学院、中英低碳学院、致远文艺协会等的标志均出自萧冰的设计。除此之外,还有交大本/硕/博的毕业证书、学位证书,致远荣誉证书,以及新图书馆思源阁的整体设计等。这些作品成为教学中的优秀范例,对学生追求卓越起到良好的示范带动作用。2018 届"上海市优秀毕业生"王齐禹是萧冰带的研究生。在萧冰的带动下,王齐禹不畏挑战,与电院学生共同组队,以优异的成绩赢得 2016 微软"创新杯"全球学生创新大赛的中国区特等奖。王齐禹说:"萧老师治学严谨,在本科的教学中循循善诱,平易近人;注重启发和调动学生的积极性,课堂气氛活跃,上课教案丰富,强调理论的同时也结合实践。非常感谢萧老师组织我们参加大广赛、红点奖等大型比赛,并在整个过程中给予积极的指导,让我受益匪浅。"

2019 届硕士生张景春在萧冰的指导下,两年半学习期间获得"白金创意"金奖、"HillBrand 国际品牌设计大赛"铜奖、"平面设计在中国"提名奖、"靳埭强设计大奖"铜奖等多项有影响力的专业奖项,迅速成长为崭露头角的新锐设计师,并成为南京平面设计协会会员。张景春说:"萧老师是我研究生时期的导师,萧老师为人随和,为学生着想。在我研究生三年学习中鼓励我在设计上通过新的技术与传统手段相结合;同时,在我论文的学习上也给予了我很多指导性的意见,为我今后的学术研究打下了很深的基础。此外在我当萧老师的教学课程助教过程中,更深刻感受到老师上课的用心,对学生传道授业的一丝不苟。"

2022 届留学生赤坂居芙美凭借优异的成绩获得国家奖学金,在读期间接连斩获全国大学生网络文化节二等奖、中国国际"互联网+"大赛上海赛区优胜奖、3 项全国大学生广告艺术大赛二等奖等佳绩。赤坂居芙美说:"萧冰老师作为我本硕四年又三载的指导教师,不论是学业内还是学业外都给予了我莫大的帮助。

于学业内,萧老师的课堂授课条理清晰、课堂形式多样、内容丰富多彩。作为其师门下的学生,在学术研究方面他也一次次地给予我悉心的指导与教诲。于学业外,萧老师和蔼可亲、平易近人,在学生间一直以'言传身教,善启心灵'的口碑深受大家的尊敬与喜爱。感恩萧老师一直以来教书育人的辛勤付出,给予我在未来设计之路走下去的坚定勇气,师恩终生难忘!"

## 科研联动教学,政校企联合促学

萧冰近年来主持教育部青年基金项目"控烟广告在青少年中的视觉传播效果研究:基于眼动追踪实验研究"、上海市哲社项目"基于计划行为理论的上海市民参与垃圾分类与环保行动意愿研究"、上海市软科学重点项目"智慧城市背景下上海非遗文化创意平台设计与传播策略研究"、上海交通大学教改项目"基于 ARCS 激励模型的混合式广告课程设计与实践研究"、"创新性思维方法在设计类在线教学中的应用研究",以及政校企共建课题"华为主题创意设计课程""世博源阳光谷(世博谷)及周边跨媒体综合设计""杨浦区文化创意大赛"等。通过脚踏实地的科学研究与设计项目促进学生下沉到社会实际工作中去,扎根社会实践。

其中"网页设计"课与华为共建"华为主题创意设计课程",学生作品上线华为平台,下载量达到数十万,教学成果获得华为公司高度评价,萧冰获颁"最佳指导教师奖"。"跨媒体综合设计"课程与世博源阳光谷合作,学生以世博源最具代表性的漏斗状大屏幕为实践场,创作出的新媒体作品在世博源大屏幕滚动播出,通过黄浦江畔最具标志性的媒体向世界展现交大学生的设计风采。"品牌文化研究与设计"课程联手杨浦区文旅局打造非遗文创,所指导学生作品经92 万票选夺得第一。

## 言传身教不怠,潜心教学结硕果

萧冰就职以来担任本硕班主任 4 轮次,指导硕士毕业生 35 人,指导硕士生王齐禹、吴杭分获上海市优秀毕业生、上海交通大学优秀毕业生荣誉。近 3 年主讲"广告的力量""广告设计 2""品牌文化研究与设计""跨媒体综合设计""网页设计""新媒体设计""信息交互设计"等本硕课程 7 门。由于教学效果突出,萧冰历年来获得上海市教委等颁发"优秀指导教师"奖 4 项、"优秀组织奖"3 项,上海交通大学"教书育人奖"二等奖、"烛光奖"一等奖、优秀班主任、上海交通大学教师教学创新大赛教学设计创新奖等共计教学荣誉 24 项。

# 刘庆广：立足本职岗位，享受工作的快乐和收获

## 【名师名片】

刘庆广，上海交通大学 2023 年"教书育人奖"二等奖获得者。上海交通大学体育系教授。1999 至 2017 年任上海交通大学体育系副主任，分管高水平运动队建设、运动竞赛。期间，组织学校高水平运动队参加全国大学生运动会并连续夺得 2000、2004、2007、2012、2017 年"校长杯"奖。2007 年至 2021 年先后任中国大学生体育协会游泳分会、篮球分会秘书长。多次获得上海市群众体育先进个人、上海市体教结合先进个人。2016 年获得上海市育才奖。发表论文 10 多篇，参与多项国家级、省部级课题，参与编写教材与著作 3 部，获上海交通大学教学成果奖特等奖、华山国际奖教金，上海市教学成果奖一等奖，国家级教学成果奖二等奖。

## 【名师名言】

■ 上好体育课并不难，难的是一辈子认真对待每一堂体育课。

■ 鼓励学生"跟自己比，越来越强；跟同学比，我更强"。在授课期间，能够帮助到学生，尤其当学生毕业之后，还记得我的名字，这是我最大的收获。

■ 竞技体育是交大对外交流与宣传的"窗口"与"品牌"。我们在继承与发扬过程中"当仁不让"，勇于探索和实践，创造了良好的发展势头，积累了丰富的实战经验，取得了辉煌的运动成绩，实现了历史的重大突破，确立了全国的领先地位。过去所有的付出与努力，都是我一生的财富。

1987 年 7 月,刘庆广走进闵行校区,在体育教学岗位上至今已工作整整 36 年。期间曾教授过研究生、本科生的篮球课、田径课、排球课、足球课、游泳课、乒乓球课。作为教学和行政"双肩挑"的老师,在完成教学工作的同时,作为分管高水平运动队建设和运动竞赛的副系主任,刘庆广以"系"为家,全身心投入工作中,在运动员招生、文化课学习、日常训练与比赛、就业等方面全方位参与管理。他也是先后担任过中国大学生体育协会游泳分会秘书长、篮球分会秘书长。在他的组织管理下,协会工作得到全国兄弟院校和教育部大体协的支持和肯定。

## 体育课,应该是"运动课"

刘庆广 36 年来始终坚守教学第一线,秉持"以体育人,促进学生全面发展"的教学理念,保质保量完成本科生篮球选项课、研究生体育课等课程教学工作,获得多项教学荣誉。"乐学善教,善教才能乐学",他的教学内容丰富多样,生动有趣,深受学生喜爱。同时注重教学内容的层次性,由浅入深,在逐渐提高学生技术水平的同时,注重培养学生主动学习的能力,鼓励学生积极参与讨论和提问,激发学生学习兴趣和创造力;在学生全面发展和身心健康方面,刘庆广鼓励学生积极参与课外锻炼,帮助学生养成良好的生活习惯和健康的体魄,他以活泼生动的教学方式,通过典型示范和讲解,使学生更加容易理解和模仿。

日常教学之外,刘庆广更加注重对学生的价值引领,培养学生的意志品质、团队合作能力。倡导积极向上的体育精神,教育学生们要具备坚持不懈的精神、勇于挑战自我的态度。鼓励学生之间展开竞技,提高篮球技巧,培养团队协作能力,让学生在比赛中体会到篮球所蕴含的团队精神和奋斗精神,享受体育比赛带来的乐趣。上过刘庆广篮球课的学生,都乐于参与篮球平行班的教学交流赛,这一比赛被学生戏称"班级间的争霸赛"。

"刘老师教篮球真的教得好,我本来是一个不太喜欢运动的人,但是在刘老师的课堂上,我能感受到体育课的快乐,而且掌握了非常多有关于篮球的知识,下个学期我还要选他的篮球课。""课程内容充实,教学认真,方式新颖,能够极大调动学习积极性。我会和学弟学妹说,选刘老师的篮球课就完事了。"这是学生在网上对刘庆广的评语。

## 竞技体育是交大对外交流与宣传的"窗口"与"品牌"

上海交通大学自 1987 年被原国家教委(今教育部)批准办高水平运动队院校至今,作为学校运动队建设的管理者和参与者,刘庆广在校党委和体育系的领导下,积极探寻和尝试体教结合办高水平运动队的模式,先后与上海游泳队、上海水上运动中心(赛艇)、浙江省游泳队全面合作,同时,在遵循一条龙办队的基础上,继续保持与上海向明中学、南洋模范中学合作,积极为学校运动队梯队建设储备人才。

刘庆广在工作中,探索和总结"品学训"办队理念,将大学文化融入育人全过程,培养高水平运动队学生树立正确的人生观和价值观,促进"学、训"关系良好发展,形成了中国高校"教体融合"新模式,扩大上海交通大学在全国高校的影响力和竞争力。刘庆广多次亲临专业队并与各层面领导、教练员和运动员们沟通,特别是在运动员学习上,多次协助学校教务处与运动员所在专业队的教务部门处理好运动员的学籍管理,并带领文化课老师赶赴北京、昆明、浙江等地给运动员授课。在大赛结束调整期间,安排现役运动员来校文化学习。这一做法,得到了国家体育总局游泳管理中心、运动员所在省市队以及运动员本人的认同,在全国高校开创送教上门的先例。2021 年东京奥运会上我校共有 15 名交大学子和 8 名交大校友为国出战,获得 6 金 3 银 2 铜优异成绩,被网友戏称"上海交通体育大学"。

"校长杯"作为国内高校竞技体育的皇冠,备受瞩目。2004 年第七届全国大学生运动会在上海举行,上海交通大学受聘担任上海市大学生体育代表团游泳队组队单位,刘庆广作为游泳队领队,与教练组仔细分析,研判运动员现状水平,组成最强阵容,力争上海大学生体育代表团在游泳项目获得全国第一。在比赛前一天,得知参赛乙组队伍中有吴鹏等一批国家队雅典奥运会选手在人民大会堂参加庆功会,刘庆广一面联系国家体育总局掌握会议动态,另一面,直接飞到北京在航空大楼售票处等候,一有消息,直接出票。最后当天深夜将参赛选手安全带回上海,如期参赛。最终我校运动员一举获得 24 枚金牌(甲组 13 金、乙组 11 金),占游泳代表队金牌总数的 52%。并有 57 人次打破 34 项全国大运会纪录。上海交通大学以 25 枚金牌;团体总分 918.5 分的成绩排名"校长杯"第一名。

## 在中国大学生体育协会工作中积极贡献交大智慧

上海交通大学先后被选举担任中国大学生体育协会游泳分会、篮球分会主席单位,刘庆广受学校委派也分别担任两个协会的秘书长。在分会主席的领导下,刘庆广积极团结会员单位,充分挖掘各方资源,营造和谐、健康的工作环境;积极有效地开展秘书处工作,组织竞赛、培训、夏令营、冬令营、召开研讨会、常委会、年会等一系列工作,扩大协会的社会影响力。

2008 年 12 月 27 日至 31 日,第九届全国大学生游泳锦标赛在哈尔滨商业大学举办。为了筹备本届赛事,刘庆广带着竞赛、裁判委员会的主任实地考察、积极协调当地省市游泳协会,为承办院校器材设备保驾护航。为营造比赛氛围、扩大大学生游泳竞技水平,适逢北京奥运会上有多名在校游泳选手,刘庆广联系国家体育总局游泳管理中心,邀请了 12 名北京奥运游泳选手(东南大学哈思楠;北京工业大学陈祚、辛桐;上海财经大学徐田龙子、上海交通大学吴鹏、吕志武、于诚、徐妍玮、庞佳颖、朱颖文、杨雨;同济大学孙晔)与普通大学生运动员同场竞技,相互交流、增进友谊,取得令人满意的效果。

2011 年,刘庆广带领中国大学生游泳队出战第 26 届世界大学生运动会,获得 6 金 3 银 4 铜,5 人次 1 队破 5 项大会纪录,得到国家人力资源和社会保障部、教育部、国家体育总局等部委表彰。

在担任中国大学生体育协会篮球分会秘书长期间,刘庆广通过调研和实践,进一步优化赛制,建立一、二级联赛,吸引更多院校参与,积极营造校园篮球文化,扩大社会影响力,打造出中国学生体育顶尖赛事。

刘庆广多年来在工作中勇于挑担,大胆尝试,以不显山露水又真抓实干的风格打造了一道又一道靓丽的校园风景线。

# 李松挺：追求卓越，教研同行

## 【名师名片】

李松挺，上海交通大学2023年"教书育人奖"二等奖获得者。上海交大教授，入选教育部青年长江学者、上海市扬帆计划、上海市晨光计划，并获得第五届全国高校青年教师教学竞赛一等奖（第2名）、第六届上海高校青年教师教学竞赛特等奖、上海市五一劳动奖章、上海市教学能手、上海交大烛光奖一等奖等荣誉。主讲"概率统计"课程入选校级一流课程和上海高校市级重点课程。参与设计和组织NMA计算神经科学全球暑期学校，为来自64个国家近两千名学生授课，其影响力被柳叶刀等杂志媒体报道。

## 【名师名言】

■ 教育不仅要传递知识，更要启迪思想，让学生不断追求真理，不断磨炼自己的品格。

■ 立德树人不仅是一项工作，更是一种信仰——相信每个学生都有无限的潜力，值得我们倾尽全力去开发和培养。

■ 在教学的过程中，我们不仅教给学生知识，同时也从他们身上不断汲取智慧，教学相长，共同进步。

2014 年,李松挺从上海交大数学专业博士毕业。怀着初心和梦想,他 2018 年回到母校工作,在学术和育人的道路上不断求索。

## 潜心教学,执果溯因

立德树人是大学的立身之本。而如何把立德树人内化到大学的教学和科研中,培养学生从做学问到做人做事,是李松挺一直思考的一个问题。从 2018 年秋季回到母校以来,李松挺怀着一颗赤诚之心,春风化雨、润物无声地助力学生成长。

李松挺认为,授人以鱼不如授人以渔。培养学生的大学数学思维方式比单纯传授知识本身更为重要。尤其是低年级的本科生,由于刚进入大学不久,高中数学的思维方式还未完全褪去,对大学数学的思想方法和表述语言还未能完全适应,若是照本宣科或是搞题海战术,学生便会感到迷茫困惑,甚至认为大学数学十分枯燥乏味,逐渐对数学失去兴趣。为此,李松挺在为低年级本科生教授"概率统计""线性代数"等基础数学课程,以及为研究生讲授"微分方程的高性能计算"等应用数学前沿课程的过程中,不断与教学名师们和课堂上的学生们进行积极交流,从老师和学生们的反馈中更新教学内容,改进教学方法。在教学过程中,李松挺还会重点为学生介绍每个新定义或定理的历史来源,用计算机动画等信息技术展示它背后的生动几何图像,并有选择性地介绍一些和重要知识点相关的科学研究,把国内外最新的科学进展转化为教学资源,在拓展学生眼界的同时,可以加深学生对课本知识的理解,积极将科学研究的前沿知识与课程的基本理论有机结合,使学生认识到数学不仅是书本上的抽象符号,而是自然建立的理论体系且背后往往对应着具体直观的例子。

李松挺还特别重视培养学生的科研能力和创新能力,悉心指导学生的日常科研工作等,从而激发学生们的科学探索精神,引导学生们开展创新性研究工作。他经常鼓励学生们在当前国际形势下一定要学好数学、做好研究,因为扎实的数学功底不仅对其他大学课程的学习有重要的帮助,长远来看,更为今后从事的工作打下坚实的数学基础,从而能够帮助国家解决目前被卡脖子的关键技术难题。

　　李松挺教学中以学生为本,全心投入,近三年讲授的 9 门专业课程评教全部获得 B 以上,6 门课获得 A,其中"概率统计"入选 2021 年校级一流课程。9 门课程 6 门评教为 A、一门课程评教全校第一是学生对他的肯定,他用自己的兢兢业业赢得学生深深的喜爱。

　　李松挺在担任致远学院本科生班主任期间,班上学生共 16 人次在国际和国家级数学竞赛中获奖,包括美国大学生数模竞赛特等奖、全国大学生数学竞赛一等奖等。班上 2 位同学获国家奖学金,4 位同学获评上海市优秀毕业生,21 位同学毕业后将去往耶鲁大学和上海交大等海内外名校继续深造。此外,共指导 8 位本科生毕业设计,所指导的本科生宋玉茹的毕设工作于 2021 年发表在神经科学权威期刊 Cerebral Cortex 上,同时被期刊选为封面文章,被国家自然科学基金委等处选为重要研究成果报道。

## 教研融合,交叉融合

　　李松挺的研究方向为计算神经科学和类脑计算,他的研究成果发表在 PNAS, CPAM, Cerebral Cortex, PLOS Computational Biology 等国际期刊上。科研工作曾多次被国家自然科学基金委科学传播中心等遴选为重要的研究成果报道,被计算生物学权威期刊 PLOS Computational Biology 选为亮点文章,并被神经科学权威期刊 Cerebral Cortex 选为封面文章。主持国家自然科学基金面上项目和青年项目,以及临港国家实验室"求索杰出青年"项目。入选国家级青年人才计划、上海市青年科技英才扬帆计划和上海市晨光计划。

　　他还积极参与致远学院生命医学科学方向学科融通课程的改革,负责讲授"线性代数"和"概率统计"课程。在研究生课程教改方面,与耶鲁大学 John Murray 教授等共同设计和组织全球"计算神经科学"暑期课程,采取全球同步授课并结合学生编程、师生讨论等模式,为来自 64 个国家的 1 757 名学生用 14 种语言授课。其高度影响力被柳叶刀神经学等杂志和媒体广泛报道。同时参与致远学院生医方向学科融通教学改革,负责线性代数和概率统计课程的设计与讲授。和同事将"计算神经科学"课程教学改革内容发表在 2021 年 *Trends in Cognitive Sciences*(认知科学领域顶尖期刊)等国际期刊上。

在教材编写方面,李松挺参与编写由韩济生院士和蒲慕明院士等主编的权威教科书《神经科学》第四版,负责撰写和申请人研究相关的树突整合章节的内容。还参与编写由王以政院士等主编的权威教科书《神经环路与脑疾病》,负责撰写和申请人研究相关的树突信号章节的内容。

通过多年的积累和努力,李松挺在教学方面曾获得第五届全国高校青年教师教学竞赛一等奖(全国第二名),教育部青年长江学者,第六届上海高校青年教师教学竞赛特等奖,上海市教学能手,上海交大烛光奖一等奖等荣誉。

## 助力成长,良师益友

李松挺担任 2018 级的班主任工作,在思想上关心学生、生活上关怀学生、学业上帮助学生。为了促进良好班风和学风的形成,他常常利用休息时间主动给学生讲授和复习相关数学知识,提升学生的数学基础和应用能力。在做班主任期间,他了解所有学生的思想状况、学习情况以及未来的理想抱负,帮助学生规划大学生活、研讨学习方法,开拓视野,激发学生的学习热情,帮助学生树立远大抱负。对于思想波动的学生,他贴心地开展私下交流;对于家庭困难的学生,他积极提供帮助,润"心"无声。

"教学、科研两不误",李松挺对学生的责任感、对工作的热情让他保持爱岗敬业的初心、一路向前!

# "教书育人奖"集体奖

## 一等奖

# 计算机基础教学团队：以学校为基础、以学科为核心、以学生为根本、以社会为己任

## 【名师名片】

计算机基础教学团队拥有 IEEE Fellow 2 人，国家杰出青年科学基金获得者 3 人，国家教学名师 1 人，长江学者 1 人，国家优秀青年科学基金获得者、国家"万人计划"青年拔尖人才、青年长江学者等 10 人。团队近三年获多项国家级和省部级教学成果奖，涌现出中国计算机学会杰出教育奖、全国青教赛工科组第一名等。团队带头人过敏意教授是上海交通大学讲席教授，欧洲科学院外籍院士，IEEE Fellow，CCF Fellow，国家杰出青年科学基金获得者，任教育部创新团队学术带头人，973 计划首席科学家，享受国务院特殊津贴。

## 【名师名言】

■ 夯实工科平台计算机课程基础桩、打造专业核心一流课程体系定盘星、架起重点领域拔尖人才培养凌云梯、构建国家创新发展计算机教学保障力，形成一流计算机学科教书育人体系。

■ 加强教书育人的责任担当，守正创新，着力培养"第一等人才"！

计算机基础教学团队长期服务学校、服务学科、服务学生、服务社会，秉承夯实工科平台计算机课程基础桩、打造专业核心一流课程体系定盘星、架起重点领域拔尖人才培养凌云梯、构建国家创新发展计算机教学保障力四位一体育人理念，形成一流计算机学科教书育人体系，辐射全国高校计算机教育。每年承接5 400多人次量大面广的平台课，因材施教，打造精课、硬课、金课。现有国家一流课程4门，参与教育部101计划课程建设9门（位列全国第三）。近三年获多项国家级和省部级教学成果奖，涌现了中国计算机学会杰出教育奖、全国青教赛工科组第一名获得者等。培养学生创新创业成效显著，与华为、阿里、商汤等龙头企业共建实践基地，将创新技术服务于社会民生。

## 服务学校：夯实工科平台计算机课程基础桩

围绕国家重大需求，秉承工程教育背景下厚基础、宽口径的大类培养理念，自学校成立工科平台以来，计算机基础教学团队以培养"第一等人才"为目标，每年承接5 400多人次的平台公共基础课程"程序设计思想与方法""数据结构""离散数学"。

"程序设计思想与方法"是工科平台的第一门基础课，属于量大面广的硬课。每年选课学生超2 600人，针对不同专业学生计算机水平差异极其悬殊的情况，教学组推动程序设计课程的"分类分级"教学改革方案实施，构建程序设计类课程、平台课程、专业课程和实践互通的分类分级课程新体系，依托头歌教学实践平台、创新性自建试题库、大规模实施过程化线上考核，显著提升大学生应用信息技术解决学科问题的能力。该课程学生满意度逐年攀升，最近学期学生评教B档以上占比超80%，以早年的上海市精品课程为起点，为建设国家级一流课程不断添砖加瓦。

"数据结构"课程组在长期的教学过程中，积累了丰富的教学资源，包括多媒体课件、动画教案、讲课视频、教材及作业评测系统。教材中的重点、难点都配有微课，且提供QQ及微信群等讨论和答疑。课程形成了"学习机制→教学模式/平台→研讨环节"全链式、可持续的教学特色，让学生由浅入深地掌握课程内容,提高发现问题、分析问题和解决问题的能力,每年选课学生超 2 000 人。本课程是第一批国家级一流课程、国家级精品资源共享课程,先后出版了近十本教材及教辅材料,其中有教育部普通高等教育"十一五""十二五"国家级规划教材,并获上海市普通高校优秀教材奖。

"离散数学"课程组以夯实学生数学思维为切入点,每年针对计算机、软件、网安、自动化、微电子、感知、致远理科班、致远 ACM 班、IEEE 班、AI 班等大电类多学科班级展开差异性教学,着重构建多样化背景知识体系,每年培养学生超过 800 名。目前,团队不断提升教学管理水平,从早年的上海市精品课程跨入上海市一流课程。

此外,伴随着我校学科交叉的快速发展,计算机专业课程的学习也成为其他专业学子辅修(含双学位)选择之首,选课量年年攀升,例如金融计算机双学位课程体系,又如生医工、船建、机动等工科大类专业辅修课程体系。团队以课程讲座、线下研讨、学森挑战计划、PRP、大创、暑期研习等方式,架起我校交叉学科人才培养的坚固桥梁。近三年,大学生创新创业计划获评国家级 3 项,上海市级 11 项,发表论文超 100 篇。面向重点高中学生的我校学森挑战计划更是将"计算机科学导论"作为核心课程引发社会高度关注。

## 服务学科:打造专业核心一流课程体系定盘星

计算机基础教学团队在教育部计算机领域本科教育教学改革试点工作(简称"101 计划")中,凝聚 33 所核心高校师资力量推进课改创新,建设专业核心一流课程体系。目前团队牵头教育部"101 计划"课程建设 1 门("数据结构"),参与建设 9 门,位列全国第三,牵头建设 32 部核心教材中的 2 部。

团队遵循教育部"课程是人才培养的核心要素,课程质量直接决定人才培养质量"的指导方针,夯实基础教学组织,四门课程入选国家级一流本科课程,分别是"数据结构""计算机科学导论""计算机组成与系统结构""计算机网络"。2023 年后备力量发展势头突出,五门课程入选第三批校级一流本科课程。

团队在大力推进专业核心课程建设的同时,全方位的教学成果也取得卓越成绩：牵头获得 2022 年国家级教学成果二等奖 1 项、参与 4 项；获 2022 年上海市教学成果特等奖 3 项、一等奖 2 项、二等奖 1 项；获 2022 年度中国计算机学会杰出教育奖，第六届全国高校青教赛工科组一等奖（第一名）。

## 服务学生：架起重点领域拔尖人才培养凌云梯

团队建设高水平国际化校内外创新创业导师队伍，邀请图灵奖得主连续十年指导课程体系建设，讲授计算机科学基础理论与应用课程。邀请高文、戴琼海、梅宏等院士参与教学指导。打造"上海交大计算机科学全球午餐讲座系列"，最高同时在线人数超 8 000。聘请杰出校友进行创新创业指导，包括米哈游创始人蔡浩宇、商汤 CEO 徐立，高水平校外导师队伍达 68 人，学习他们敢为人先的创业事迹，塑造学生创新创业领跑精神。华为首席专家陈海波、思必驰联合创始人俞凯等校内导师亲力传授，激发学生创新热情。构建研究生教育和本科生教育"千万量级的计算机教育发展基金"以及众多特色班级等等。取得如下卓越成效：近三年，面向国际学术创新前沿，研究生一作发表 CCFA 类论文超 500 篇，获国家级一级学会优博论文 7 篇，获著名国际刊物最佳论文奖超 50 项、微软学者奖学金 3 项、交大学术之星 4 人。学生获得国家及省部级以上科创竞赛奖超 160 项，包括中国"互联网+"大学生创新创业大赛金奖、MindSpore 量子计算黑客松全国大赛一等奖、CCF"司南杯"量子计算编程挑战赛一等奖、"强网杯"全国网络安全挑战赛一等奖、全国大学生信安竞赛一等奖等。同期指导本科和研究生 6 000 余名参加各类数学建模竞赛，在三大国际竞赛中均取得赛事最高奖项。截至 2022 年，团队指导学生获美国大学生数学与交叉学科建模竞赛特等奖数目累计位列世界第一。

## 服务社会：构建国家创新发展计算机教学保障力

团队在教书育人的全链条中注重对接国家战略需求，响应国家科技创新强国战略号召，从计算机基础课程角度支撑学生交叉知识结构，回应社会发展人才需求。

在授课内容方面,团队重视以教促研、产教融合,并与华为、阿里、商汤等龙头企业共建;通过教学成果的创新和应用,为解决社会问题提供技术支持和解决方案,与重点企业共建七大实践基地,打造了"需求驱动—知识讲授—能力提升"的实践体系。从阿里双 11 峰值计算需求出发,编写《云计算原理与实践》教材,引导研究生与阿里工程师在面向突变型峰值服务的云计算领域取得技术突破;对接抗疫健康码身份识别需求,与腾讯合作研发光线活体检测技术解决人脸核身问题;在教学中引入华为昇腾 AI 芯片、鸿蒙操作系统,编写《昇腾 AI 处理器架构与编程》《现代操作系统》教材。该体系激发了学生科研攻坚的热情和动力,提升学生知识水平和实践能力,成为阿里、华为等企业生态体系构建的重要支撑。

团队将创新技术应用在社会民生。博士生唐祝寿联合创立上海犇众,公司估值 6.3 亿;博士生利文浩自主研发移动平台安全操作系统 T6,创立上海瓶钵,已获数千万风投。硕士研究生薛帅多项研究成果落地于阿里云,规模超过 210 个集群,部署在 3 万台服务器,25 万台虚拟机,被授予"阿里之星"称号。博士生薛栋梁所获授权的美国发明专利在华为、浪潮、曙光的新型非易失内存服务器中得到广泛应用,避免国外厂商征收昂贵的专利费。

## "经济学原理"教学团队：
## 中国实践铸经典理论心，思政引领立经世济民志

### 【名师名片】

"经济学原理"教学团队由罗守贵、陆蓓、范纯增、胥莉、黄丞、潘小军、周伟民、郑育家、王春华、王洋10位教师组成，90%为党员，政治素质高，业务能力强。近3年获上海市教学成果奖一等奖、上海市重点课程和一流课程、上海市课程思政示范团队、上海市课程思政教学设计展示特等奖等。团队率先以中国经济特色实践案例完善知识体系，引导学生运用经济学思维阐释中国经济问题，培养新时代接班人。打造了课程"学"、项目"研"、竞赛"创"的立体化实践体系，以研哺教，支撑学生在各类竞赛中屡创佳绩。

### 【名师名言】

■ 教育教学工作，对教师而言重要的是要用功，更加重要的是要用心和用情。

■ 学生知识的获得、能力的提高、人格的养成"三位一体"是我们永远追求的目标。

■ 经济学知识没有国界，但如果经济学专业的中国学生和外国学生对中国经济发展的特色、规律和成就的理解一样肤浅，那将是我们教育教学工作的最大失败。

上海交通大学安泰经济与管理学院"经济学原理"教学团队始终将立德树人放在首要位置,勤勉务实,以高素质人才培养为己任,在教学和研究中致力于中国经济理论和实践的创新性发展,从国家战略出发,以中国问题为基础,引导学生对经济理论、现实问题和价值观进行主动思考。经过长期实践,形成了独特的团队理念、研究范式和方法路径。团队通过师生共建案例库,丰富和优化教学内涵,形成知识、能力和价值观教育的同频共振。同时,创设了课程"学"、项目"研"、竞赛"创"的立体化教学体系,立足行业研究,通过科研成果反哺教学,在经济学领域创新型人才培养方面取得了显著成效。

## 立足本土,率先以中国实践完善经济学知识体系

"经济学原理"是上海交通大学经济学与管理学专业的基础课程,共计64学时,面向大一学生,平均每年修读人数超过600人。这一阶段的学生是世界观、人生观、价值观形成的关键时期。因此,该课程作为学习西方经济学的第一门课程,不仅肩负着引导学生树立经济学专业思想,为中国特色社会主义经济学的建立和发展奠定基础的功能,而且通过阐释中国经济发展实践,为引导青年大学生塑造人生和成长成才提供鲜活案例,培养学生形成正确的"三观"。

在长期的教学实践中,"经济学原理"教学团队深深体会到,缺少中国经济情景的教学,容易形成"学用两张皮"的缺陷,不能透彻理解经济现象与本质的联系,也不利于学生树立中国特色社会主义市场经济制度背景下的正确价值观。为此,从2016年开始,教学团队立项开展"使用国外教材配套系统中国经济案例的经济学原理教学改革"的探索,率先将中国的经济政策和符合中国国情的特色实践案例引入经济学教学,突出经济学理论的应用性和指导性,强化用经济学原理的经典理论理解、阐释、解析中国经济发展的特色实践和符合中国国情的经济政策及其演化规律。在知识体系中,引入中国特色实践案例,培养学生面向新时代、面向未来的思辨意识和创新能力。

团队注重知识体系创新,改变了传统经济学原理课程以西方资本主义市场经济为基础构建而成的局限性,避免了教学过程中因无法获取到翔实的材料而

不得不采用国际现成的资料,进而疏于结合中国火热而生动的经济现实的弊端,解决了原有知识体系教学中出现的所学理论无法解释中国经济现象和问题的困惑。团队以"用经济学知识讲好中国故事,用理论阐释中国实践发展成就"作为教学主线,结合教学大纲各个章节的要求,选取和编写中国案例,引导学生关注中国经济发展的热点和难点问题。通过对现实问题的分析,训练学生的经济学思维能力和独立思考习惯,培育学生对国家认同的荣誉感和责任担当的使命感。理论知识与经济现实融合的教学创新避免了课本到试卷的考试型教学,促进了课本—实践—课本的教学相长。团队从自建的教学案例库中精心挑选了 51 个案例,出版《中国经济发展案例分析》(上海交通大学出版社,2018 年)。2022年,该教材获上海交通大学校级本科优秀教材二等奖。

## 勇于创新,"师生共同参与"课程思政润物无声

教学团队考虑到案例教学具有参与度高、获得感强的特点,探索开发了一种新型教学模式——师生共同参与案例教学,将思政元素以案例形式融入各章节的授课和学生撰写案例的"探索性解析"要求之中,形成知识、能力和思政育人的同频共振。

教学团队统一要求每届每位同学撰写一个中国经济发展案例。老师鼓励学生充分结合所学内容和生活实际,积极思考,大胆质疑,提出自己感兴趣且乐于探究的经济热点问题。学生确定选题,搜集数据,进行理论分析,并设法解决问题、提出建议,在教师指导下完成案例撰写。每届学生的案例累积起来,不断充实案例库资源,最终形成一个动态的、与时俱进的师生共建案例库。学生编写的优秀案例有机会出版发表,《中国经济发展案例分析》收录了学生编写、老师修改的案例 20 篇,涉及"二胎问题""流量明星""奢侈品价格"等学生关注的经济相关热点问题。这种模式充分调动了学生的学习积极性,逐渐从"要我学"变成"我要学",课下主动与老师交流自己掌握的案例资源。育人与教学隐性融合,取得了良好的教学效果,受到教师和学生的一致肯定。2023 年,"学生全面参与中国案例编写的经济学教学改革探索"获上海市教学成果一等奖。

学生通过参与编案例、读案例、分析案例，加深了对中国特色社会主义市场经济发展实践的理解，对怎么做人、怎么做事、怎么看待成长中的困难有更清晰准确的理解，对家国情怀、社会责任感和理想信念的感悟更深，对经世济民的理解更透、收获更大。2022 年，"经济学原理"课程组荣获上海市课程思政示范课程和示范团队。2023 年，荣获首届上海市课程思政教学设计展示特等奖（全市社科组第一名）。

## 合力育人，"学研创"立体化教学践行知行合一

教学团队由 10 位教师组成，由罗守贵教授（特聘）领衔，成员年龄横跨从"60 后"到"90 后"的四个年代，结构合理。最为突出的是，团队成员 90% 为共产党员，政治素质过硬，业务能力强，全体成员均为教学能手，都获得过校级或省部级教育教学奖励，是一支真正又红又专的团队。

罗守贵是国家社科重大项目首席专家，主持国家和省部级重点课题 30 余项，获省部级以上学术奖励 14 项，其中一等奖 3 项，发表论文（著作）170 余篇（部）。作为上海交通大学经济学专业的骨干，他工作非常繁忙，但仍然坚持每学期为本科生上课。他从教 41 年，迄今每年教学工作量超过 144 学时，曾多次获安泰经济与管理学院"最受本科生欢迎的教师"和"最受研究生欢迎的教师"荣誉。罗守贵非常重视本科生实践能力和科研能力的培养，每年坚持指导本科生的 PRP 项目。他带领 PRP 团队研发的"中国候鸟式养老栖息地适宜度指数"受到主流媒体的密集关注，产生了非常大的社会影响。近两年，研究成果多次被《人民日报》、学习强国、上海交大公众号报道，参与研究的 PRP 小组获得上海交通大学社会实践特等奖。

在罗守贵的带领下，团队成员也结合中国国情，围绕国家发展战略，进行有意义、有高度又接地气的研究，坚持将学术成果反哺教学，推进课堂教学"两性一度"提升。近年来，教学团队成员承担了国家自然科学基金、国家社会科学基金、上海市软科学重点项目、上海市决策咨询委员会课题等国家级和省部级项目多项，组建中国养老行业发展研究、医疗健康行业研究、医药行业研究、支付行业

研究等 4 个行业研究团队,以高水平的科研成果,不断更新教学内容,持续反哺教学,引导学生思辨创新,提高人才培养质量,形成了持续的教研成果正反馈。

团队成员倾情投入,用功、用心、用情,构建了课程"学"、项目"研"、竞赛"创"的立体化教学体系。以经济学原理的全面掌握和对于中国特色发展实践的深度解析和阐释,实现了中国实践铸经典理论心的课程"学";通过参与课程案例撰写、PRP 项目、大学生创新创业项目、行业研究等,提升了思辨研究能力,建立了"立足中国实践、行业主线研究"的项目"研";通过系统化的"学"和专业性的"研"的磨炼,学生发现问题、解决问题,独立思考、思辨创新的能力不断提升,支撑学生在经济领域国内外各种竞赛"创"的众多佳绩。近三年来,学生获得 CFA 全球投资分析挑战赛亚军 5 人次,上海高校 ETF 理财方案大赛 1 人次、中国国际"互联网+"大学生创新创业大赛 7 人次、全国大学生能源经济学术创意大赛 2 人次、"正大杯"全国大学生市场调查与分析大赛 7 人次、财经素养大赛 1 人次等各种竞赛奖项及荣誉。团队教师指导的学生获国家奖学金、上海市三好学生、校三好学生、校优秀毕业生、优秀学生党支部书记、校社会实践先进个人等各类荣誉及奖项 39 人次。团队多位教师也都成长为教学能手,获得教书育人奖、最受本科生欢迎的教师、烛光奖等大量奖励或荣誉。

# "教书育人奖"集体奖

## 二等奖

# 材料组织结构的表征教学团队：
## 以"聚合"之力勇攀教学研究高峰

**【团队名片】**

  为适应一流课程建设和国际化办学的需求，责任教授张澜庭牵头组建了一支包括教授、特别研究员、副教授、讲师在内的老中青相结合的专业化、国际化的材料组织结构的表征教学团队。于 2014 年春实现了中英文平行授课，相应的国际试点班全英文课程名为"材料微观结构与化学表征"（*Structural and Chemical Characterization of Materials*）。教学团队经过多年的理论与实践相结合的中英文平行开班的多元化教学探索和实践，取得了良好的教学效果。团队成员多次获得校级和院级教学竞赛奖项。例如，团队成员赵冰冰 2019 年获上海交通大学第四届青年教师教学竞赛三等奖、2022 年获上海交通大学第三届教师教学创新大赛二等奖；团队成员韩延峰 2021 年获材料学院首届教师教学创新大赛二等奖及最佳教学设计创新奖、2019 年获材料学院青年教师"立德树人"教学竞赛二等奖。另外，团队成员近五年来有 7 人次获得上海交通大学材料学院"最受欢迎教师"，发表教学论文 2 篇，主持教学发展中心教学研究项目 5 项。

**【名师名言】**

- 与时俱进，研究教学问题，精进教学水准。
- 以学生为中心，践行理论与实践相融合的理念，实现应用能力培养。

　　"材料组织结构的表征"是材料科学与工程专业本科生必修的一门专业基础课,该课程责任教授张澜庭老师牵头组建了一支包括教授、特别研究员、副教授、讲师在内的老中青相结合的专业化、国际化教学团队。这支团队秉持着"中英文贯通、授课内容贯通"的理念,兢兢业业、精益求精,他们每个人既是独当一面的中流砥柱,又是协同作战的最佳伙伴,他们将个人成长和团队成长结合在一起,实现了材料组织结构的表征教学团队整体实力的跃升。

　　团队针对当下学生学习时间碎片化、知识内容百度化、学生构成国际化、能力要求全面化的难点问题,弘扬了交大起点高、基础厚、要求严的教学传统,在已有自编教材的基础上,与时俱进地开展了中英文平行开班的教学活动,建设了慕课课程,形成了中英文同质、线上线下融合的教学模式,革新了教学实验内容,取得了优良的教学效果。

## "方法""评价""平台":坚持以学生发展为中心

　　教学团队坚持"以学生发展为中心"的课堂教学改革,以"三个转变"进行教学实践,重构了教学内容,主要表现在以下几个方面:

　　一是培养方法的转变。在课堂上,让学生进行探究式、小组式学习,利用新媒体平台让学生实现个性化辅导。自 2019 年起建设了慕课课程,分别在爱课程(中国大学 MOOC)、好大学在线等上线,发展了线上线下融合的教学模式,在2020 年疫情期间的教学中起到重要作用。慕课还被上海大学的课程采用,入选了中国科协主办的 2022 年青少年高校科学营交大分营。团队成员王乐耘撰写的教学论文《互联网在线计算平台在"材料组织结构的表征"应用实践》,介绍了如何利用 Materials Project 等平台增强学员对 X 射线衍射基本理论知识的理解,探索了以学生能力培养为导向的教学方式。团队成员邢辉主持的教改项目"教学设计与同伴学习的策略对学习效果影响研究"探究了变被动学习为主动学习的教学策略,采用学生自愿讲解加教师点评形式,充分利用 Canvas、慕课、微信群等现代网络技术,推进在线教学,实现生生同伴学习、师生互动实时答疑,充分调动学生的学习积极性。

二是评价方式的转变。对学生的评价注重过程性、形成性和阶段性,打造三位一体的教学评价体系。以往,学生围绕考试转,分数大于一切的现象并不少见,这阻碍了学生的全面发展。为此,团队提出"让实验回归课程",让多元化的实践走进课堂。对于学生的评价不再只注重结果而是偏重过程,在教学过程中实时了解学生的学习情况,及时发现教学中的问题;还采用阶段性评价,例如在一门课结束后及时对学生学习情况进行总结。就这样,学生不再是被动学习,而是主动参与;老师不再是填鸭式教学,而是有效调控学生的学习过程。师生彼此之间增强信心,形成了合作精神。

三是教学平台的转变。团队充分应用好学校分析测试中心等先进大型仪器设备教学空间资源,扩展了实验室仪器的使用范围。团队教学成员制定详细的教学实验指导书,并与分析测试中心讨论研究,使得先进仪器的使用符合教学团队的设计,这样一来就让学生真正在课堂中学会如何使用设备,而不再是"走马观花"式地参观设备。

## "先机""新局":国际化办学稳扎稳打

在百年未有之大变局的时代,要想在危机中育先机、在变局中开新局,就要高度重视国际传播工作。团队在"先机"上下功夫,提前出发、超前谋划,较早地开始建设全英文课程,坚持培养人才、沟通中外,吸引优质的海外人才来华学习,在不同文明之间架起科研沟通的桥梁,争取话语主动。国际学生的来源地包括巴西、意大利、哈萨克斯坦、马来西亚、法国等,细心的教学得到国际学生一致好评。

同时,团队重视在"新局"上精细准备、创新传播。材料学院的一切工作,既要做好,也要说好,如果让材料学院培养的中国学生走向世界,他们的国际化能力要如何展现?他们的国际化能力又该如何培养?该问题引起了团队的关注。在课程建设过程中,他们发现全英文教学不仅仅是教学语言上的转变,更重要的是学员能力培养上的深化,例如表达能力、交流能力、组织能力和国际视野等多方面能力,团队成员刘悦撰写的教学论文《以教学质量为核心的全英文教学方法改革与创新》提出全英文课堂教学、中英双语的线下辅导和全英文翻转课堂的创新模式；邢辉在主持的教学发展基金项目"'材料组织结构表征'中英文授课效果对比评价及国际化人才培养模式探讨"中以本土学员为对象，对比中英文学习的异同点，特别是本土学员全英文学习的困难点，发现选择题、对错题方面二者没有区别，但在需要一定语言表达的论述题上，本土学员相对中文班有可见的劣势，因此增强本土学员的英文表达能力（书面和口头），是培养他们国际化能力的重点。团队群策群力、全力以赴，最终培养了一批具有国际化水平的中国学生，向世界不断讲好材料学院的故事、讲好中国故事。

## "理论""践行"：教学研究引领教学实践

弘扬教学之风，一定要深入研究，提高认识水平，还要努力践行。正所谓"教而不研则浅，研而不教则空"，教学研究与教学实践相辅相成，只有将二者结合起来，并将教学研究作为教学实践的重要组成部分，将教学研究成果积极应用到教学实践中去，才能实现高水平的教学质量。

多年来，教学团队始终坚持强化教学研究，将先进的教学理念、精湛的教学能力和足够的教学精力投入到材料学院的教学实践中。例如，针对专业实验课程布局散的现实情况，课程团队精心设计了与理论知识点相配套的通用课程实验教学，采用典型样品表征（双相钛合金、Al－Mg－Si 合金、儿童爽身粉石棉相等）串联贯穿所有讲授的 X 光、光镜、电镜和谱学四大表征方法，通过对同一样品的多尺度多角度表征，深化了不同表征方法间的优劣互补、尺度互补的认识，实现理论教学与实践教学无缝衔接。同时，结合表征技术的前沿发展，引导学生分享在创新实践中运用尖端表征技术的实例。

践行教学实践说起来容易，但真正落地对教师来说是一个挑战，对年轻教师更是一个极大的"课题"。新一代青年教师经过多年严格的专业科研训练，对开展本专业的学术研究可谓驾轻就熟，但对如何做好教学研究，却不甚熟知。为解决这一问题，从 2020 年起，教学团队先后主持承担了"教学设计与同伴学习的策略对学习效果影响研究""从科研成果到设计实验教学的道路探索""'材料组织结构表征'中英文授课效果对比评价及国际化人才培养模式探讨""多元化教学在'材料组织结构的表征'课程中的应用研究""材料组织结构的表征"5 个教学研究项目。在日复一日、年复一年的教学实践中，根据学生在学习过程中所遇到的新情况，团队教师不断进行教学研究，并将这些直接经验不断循环、往复、提升，形成条理化、立体化、系统化的教学成果，最后将其反馈到课堂教学中去。

　　把普通的工作做得不普通，把平凡的工作做得不平凡，意义之水就会流动起来。团队成员韩延峰主持的教学发展基金"多元化教学在'材料组织结构的表征'课程中的应用研究"项目，评教成绩多年名列学院前茅，先后荣获烛光奖及优秀教师奖、材料学院"最受欢迎教师"等称号。学生在评教系统中多次给出正面反馈："老师很棒！是我大学遇到的最好的老师之一……""老师讲课循循善诱，知识点慢慢推进，讲得也通俗易懂，通过这门课真的收获了很多知识。……神仙老师，感谢老师的指导。"已毕业同学在百廿校庆之际反馈："百廿校庆，感念师恩；材表课程受益良多！最爱韩老师上课风格……"

# 胸科医院循环系统教学团队：
# 坚定信念育新才，全人培养向未来

## 【名师名片】

　　胸科医院循环系统教学团队充分发挥胸科医院心血管技术全面和高精尖的优势，把"回归临床、回归基本功、回归人文"的教学理念根植于日常医疗教学工作中。教学团队将医、教、研完美融合，从临床到科研，从科研到教学，逐步形成三位一体的教学模式，以及本、硕、博、毕业后教育的连贯式教学特色，立足根本，做有价值的研究，先后承担了上海交通大学医学院长学制本科生整合教学的循环系统全部工作，并先后主持编撰了高等学校"十四五"医学规划新形态教材器官—系统整合系列《循环系统》、"十四五"国家重点出版物规划项目《循环系统复杂病》等高水平教材，同时培养了一批活跃在学校一线的教学人才。

## 【名师名言】

　　■ 是医者，德技双馨，仁术济世；是师者，学高为师，身正为范；是学者，孜孜以求，精勤不倦。

　　■ 脚踏实地，知行合一的实践教育让我们学有所用，也帮助我们在临床实践中不断成长。

　　■ 教学相长，薪火相传，老师培养学生进步的同时，也能从学生身上得到新的感悟。

胸科医院循环系统教学团队获得2023年上海交通大学"教书育人奖"二等奖。这对于教学团队带头人何奔教授及其团队成员来讲,不仅是一份沉甸甸的荣誉,更是对多年教学工作的理解、支持与认可。三尺讲台,四季耕耘,胸科医院循环系统教学团队历经20余年的传承与奋斗获得今日的这份荣誉,不仅要感谢学校给予的肯定,还要感谢学生的认可,更要感谢团队成员何奔、沈玲红、翁律侃、徐蕾、邵琴、张宇、张维峰、潘欣、李若谷、赵亮、江立生、沈兰、杨潇潇、徐可、王小蕾多年来的坚持与付出。

## 传承历史,扬胸科底蕴

20世纪50年代,我国内科学泰斗黄铭新教授创建了上海市胸科医院心内科;著名心血管病专家,有"东方神耳"之美誉的郑道声教授也是胸科医院心内科的主要奠基人之一。胸科医院现任心血管内科主任、教学团队带头人何奔教授毕业于上海第二医科大学,师承郑道声教授。经过几代人坚持不懈的努力与奋斗,胸科医院心血管内科不断地发展与壮大,目前已是卫生部国家临床重点专科,教育部重点专科以及首批国家心血管专科医师培训基地,是卫生部心血管介入诊疗"全技术"培训基地(冠脉介入、结构性心脏病介入和心律失常)及上海交通大学医学院临床医学八年制心血管教学培训基地。先后承担医学院临床医学五年制、七年制、八年制、4+4学制、预防医学五年制"循环系统"课程授课、研究生"心血管病学基础与进展"等教学任务。

## 砥砺奋进,护一方安康

20世纪90年代,心脏病介入治疗在我国刚刚起步,教学团队带头人何奔教授是较早出国接受正规介入心脏病学训练的医生之一,先后在新加坡国家心脏中心、美国亚利桑那心脏研究所、斯坦福大学心导管室学习。学成归来后,何奔将所学经验应用于实践中,从2004年起建立惠及浦江两岸数百万人口的急性心肌梗死绿色通道,带领团队以上海市急诊冠脉介入手术量第一的工作量抢救了数以千计的急性心肌梗死患者。10 多年前,何奔的团队就已经向国外学术会议进行卫星直播,向国外同行展示了中国医生的高超技艺,是当时国内极少数的几家能向国外卫星转播的心脏中心之一。如今,搭建国内一流影像诊疗平台,成立全国最大远程心电诊断中心,牵头重大疾病联合攻关项目"慢性心力衰竭一体化管理区域智慧医疗平台的构建",提出"冠心病急性事件链"全新学术概念,何奔带领团队先后斩获教育部科技进步一等奖、上海市医学科技进步一等奖、中华医学科技二等奖等多项奖项。

## 立足国情,做扎实学问

近年来,我国急性心肌梗死发病率明显上升。虽然许多研究证实在发病早期,介入治疗是最好的治疗方法,但是不同于严格条件限制的临床研究,现实医疗场景往往复杂多变。我国 ST 段抬高型心肌梗死(STEMI)患者接受直接介入治疗的比例不到 1/5,而这部分接受了介入治疗的患者中,又有很大一部分患者无法在指南规定的时间窗口内接受及时的治疗。因此在现实的医疗场景中,有很多患者在等待治疗的过程中错失了尽早再灌注的最佳时机。

针对这个临床亟须解决的重要问题,何奔带领团队自 2009 年起开展了系列研究,在国内率先提出了"溶栓后早期介入治疗"的新策略,有机结合了药物溶栓治疗的"快"和直接介入治疗的"稳",为无法获得及时再灌注治疗的心肌梗死患者提供了更优的治疗选择。在前期研究成果的基础上,联合国内 7 家心血管中心实施了 EARLY-MYO-I 研究。EARLY-MYO-I 研究在欧洲心脏病学年会的最新突破性研究专场(Late Breaking Science LBS)发布,并且是当年唯一入选这一重要专场的中国研究。该研究的相关学术论文已于心血管病学国际权威杂志《循环》(*Circulation*)发表并获得同期重点编辑评论。

## 教学团队,聚优质师资

循环系统教学团队人才雄厚,梯队齐全,拥有卫生部突出贡献中青年专家 1

人,国务院政府特殊津贴3人,上海市领军人才1人,上海市医学领军人才1人,二级教授2人,博士生导师6人。

团队带头人何奔是上海交通大学心血管一流学科带头人,曾获上海市领军人才、上海市"十佳"医生称号、上海市"五一劳动奖章"、上海交通大学"校长奖"、宝钢"全国优秀教师奖"及首届"中国十大口碑医生"、国家卫计委有突出贡献的中青年专家,享受国务院特殊津贴专家等荣誉,创造胸科医院三年获得两项国家自然基金重点项目立项的历史,近年来承担国家自然基金重点项目、面上项目以及上海市科委重大及重点项目共10余项,以第一或通讯作者身份发表SCI收录论文100多篇,总影响因子近500多分,论文被引用的H指数达36分。主编全国高等学校"十四五"医学器官——系统整合规划教材《循环系统》,担任"循环系统(临床)"课程临床医学八年制和"4+4"首席授课教师。

教学团队重要成员沈玲红教授,多年来奋斗在教学的第一线,是担任"循环系统(临床)"课程临床医学八年制和"4+4"主要授课教师。负责撰写教学大纲,作为主要负责人之一全程参与课程整合与教学改革、"智课堂"循环系统疾病线上公开课平台以及虚拟仿真教学平台的建设工作。作为副主编,全程参与全国高等学校"十四五"医学器官——系统整合规划教材《循环系统》的规划、编写、校验和出版工作。先后获得上海市住院医师规范化培训优秀带教老师、上海交通大学"教书育人奖"提名奖、上海交通大学医学院附属胸科医院教书育人奖等荣誉称号和奖项。

团队成员翁律侃老师先后获评全国卫生系统优秀思想政治教育工作者、上海市社会实践优秀指导教师、上海交通大学"思政之星"。团队成员徐蕾主任医师获得上海市育才奖。团队成员承担或发表课程思政类课题、论文10余项。

近年来,循环系统教学团队在何奔的带领下,秉持医院"创新、求实、医精、人和"的院训精神,落实"高进、精育、严管、优产"的人才培养目标,凝心聚力向着"天下胸怀,顺应时代,着眼未来,为国储才"的教育教学方向迈进。

## 教学特色,育全面人才

教育为本,育人为先,循环系统教学团队积极弘扬社会主义核心价值观,坚持以德立身、以德立学、以德施教,形成有温度、有品格的教学共识。何奔带领团队充分发挥胸科医院心血管技术全面和高精尖的优势,把"回归临床、回归基本功、回归人文"的教学理念根植于日常医疗教学工作中。先后承担了上海交通大学医学院长学制本科生整合教学的循环系统全部工作,并先后主持编撰了高等学校"十四五"医学规划新形态教材器官—系统整合系列《循环系统》、"十四五"国家重点出版物规划项目《循环系统复杂病》等高水平教材,同时培养了一批活跃在学校一线的教学人才。

"坚定信念育新才,全人培养向未来",何奔带领教学团队将医、教、研完美融合,从临床到科研,从科研到教学,逐步形成三位一体的教学模式,以及本、硕、博、毕业后教育的连贯式教学特色,多年来受到广大学生的一致好评。"立足根本,潜心教学",是何奔对自己以及团队的要求和期许,也是循环系统教学团队最本心的出发点。迄今为止,循环系统教学团队带头人何奔已经从医执教三十余载,他带领着教学团队一直坚持在教学一线拼搏奋斗。"是医者,德技双馨,仁术济世;是师者,学高为师,身正为范;是学者,孜孜以求,精勤不倦。"这是何奔教授的座右铭,也是他所带领的教学团队的团队精神。

# 附录　上海交通大学 2023 年"教书育人奖"获奖名单

## "教书育人奖"一等奖获奖名单（共 9 个）

| 单　位 | 姓名/团队名称 |
| --- | --- |
| 船舶海洋与建筑工程学院 | 刘铸永 |
| 机械与动力工程学院 | 赵亦希 |
| 电子信息与电气工程学院 | 高　岳 |
| 材料科学与工程学院 | 杭　弢 |
| 医学院 | 童雪梅 |
| 凯原法学院 | 胡加祥 |
| 第九人民医院 | 姜　虹 |
| 电子信息与电气工程学院 | 计算机基础课程教学团队<br>（负责人：过敏意） |
| 安泰经济与管理学院 | 《经济学原理》教学团队<br>（负责人：罗守贵） |

## "教书育人奖"二等奖获奖名单（共 18 个）

| 单　　位 | 姓名／团队名称 |
| --- | --- |
| 船舶海洋与建筑工程学院 | 陈　俐 |
| 机械与动力工程学院 | 黄宏成 |
| 电子信息与电气工程学院 | 冯　琳、殷　翔 |
| 溥渊未来技术学院 | 李　冕 |
| 数学科学学院 | 黄建国 |
| 物理与天文学院 | 何　峰 |
| 化学化工学院 | 陈接胜 |
| 医学院 | 房　兵、袁晓玲 |
| 药学院 | 钱　峰 |
| 外国语学院 | 杜　燕 |
| 媒体与传播学院 | 单世联 |
| 设计学院 | 萧　冰 |
| 体育系 | 刘庆广 |
| 自然科学研究院 | 李松挺 |
| 材料科学与工程学院 | 材料组织结构的表征教学团队<br>（负责人：张澜庭） |
| 胸科医院 | 循环系统教学团队<br>（负责人：何奔） |

## "教书育人奖"三等奖获奖名单（共 32 名）

| 单　　位 | 姓　　名 |
|---|---|
| 船舶海洋与建筑工程学院 | 郭晓宇、廖晨聪 |
| 机械与动力工程学院 | 梁庆华、夏唐斌、闫晓晖 |
| 电子信息与电气工程学院 | 甘小莺、马　进<br>马丽丹、杨卓青 |
| 材料科学与工程学院 | 郭益平、李　琦 |
| 数学科学学院 | 王　成 |
| 物理与天文学院 | 王长顺、郑　浩 |
| 化学化工学院 | 刘　萍 |
| 生命科学技术学院 | 刘晨光、李　婧 |
| 农业与生物学院 | 张　京 |
| 医学院 | 陶幸娟 |
| 安泰经济与管理学院 | 覃　筱、周祖城 |
| 外国语学院 | 郇昌鹏 |
| 马克思主义学院 | 李瑞奇 |
| 国际与公共事务学院 | 秦川申 |
| 上海高级金融学院 | 蒋　展 |
| 教育学院 | 冯倬琳 |
| 自然科学研究院 | 周栋焯 |
| 学生创新中心 | 肖雄子彦 |
| 瑞金医院 | 刘　军 |
| 仁济医院 | 俞卫锋 |
| 第六人民医院 | 郑宪友 |
| 儿童医学中心 | 刘金龙 |